Die Technik des Patinierens und der Imitation

Roger Le Puil

Die Technik des Patinierens und der Imitation

Aus dem Französischen übertragen
von Christa L. Cordes
und bearbeitet
von Günther Zborowska

EDITION
MICHAEL FISCHER

Titel der Originalausgabe: „Patines et Matières“
Aus dem Französischen übertragen von Christa L. Cordes
und bearbeitet von Günther Zborowska

1. Auflage 1996

Herstellung und Satz:
Verlagsservice Henninger GmbH, Würzburg

Printed in Spain

ISBN 3-926651-40-7

Vorwort

Dieses Buch enthält eine klare und verständliche Zusammenfassung der Techniken des Patinierens und der Imitation unterschiedlichen Materials. Es ist das Ergebnis der langen reichen Erfahrungen eines echten Experten.
In seinem Werk verbindet Roger Le Puil den Geist der Tradition, der Teil unseres kulturellen Erbes ist, mit Werken, die dem heutigen Zeitgeschmack entsprechen.
Durch Patinieren und dekoratives Imitieren kann man sein Interieur persönlich gestalten und, wie der Autor zeigt, Möbel und Gegenstände aufwerten, an denen einem besonders liegt.
Schon bald werden diese Techniken des Kunsthandwerks kein Geheimnis mehr für Sie darstellen. Allerdings ist bis zur Beherrschung intensives Üben unerläßlich. Das Buch ist für alle Interessenten wichtig. Aufgrund seiner Einteilung und Terminologie wird es rasch zu einem Standardwerk für die verschiedenen Berufszweige werden, die sich dieser Techniken bedienen können: Innenarchitekten, Raumausstatter, Dekorateure, nicht zu vergessen die Kunst- und die Gebrauchsmalerei.
Mit diesem Vorwort habe ich die Ehre und die Freude, einen wahren Experten seines Faches zu würdigen und seine pädagogischen Fähigkeiten sowohl als technischer Direktor als auch als Lehrender unseres Patinierungszentrums hervorzuheben: Roger Le Puil, Meilleur Ouvrier de France für Malerei.
Gleichzeitig möchte ich seine große Kompetenz unterstreichen, die nicht nur in der Dekorationsmalerei zum Ausdruck kommt, sondern auch in seiner Mitarbeit an dem Werk von Yannick Guégan über das Trompe l'oeil und in diesem Werk über die Malerei.

Jean-Michel Hotyat
Generalsekretär für Berufsbildung
des Arbeitgeberverbandes der Malereibetriebe
von Paris und Umgebung

Danksagungen

Edition Michael Fischer und die Übersetzerin
danken Maurermeister Eckhard Hemken
und Malermeister und Restaurator Günther Zborowska
für die freundliche Unterstützung
und geduldige Beratung.

Dessain et Tolra danken:
Simone Audebeau, für die Vorbereitung der Texte.
François Bonnet, Vergolder, für seine Beratung.
Patrice Kreitz, Dekorationsmaler, für seine Beratung.
Jacques Laurent, Louvre, für die Abdruckgenehmigung
von „Der Wagenlenker von Delphi"
auf dem Einbandrücken dieses Buches.

Inhalt

Einführung

Dieses Werk erklärt die Ausführung bestimmter dekorativer Arbeiten, nämlich:

- das Patinieren und künstliche Altern von Anstrichen,
- die Imitation von Bronze und Stein,
- die Imitation unterschiedlichen Materials für die Innendekoration,
- einfache Methoden für dekorative Behandlungen.

Es ist als praktisches Handbuch konzipiert und befaßt sich mit der Herstellung des Untergrunds, der Reihenfolge der einzelnen Schritte, dem Werkzeug, des Zubehörs und dessen Handhabung sowie nützlichen handwerklichen Tricks.

Die Arbeiten umfassen einen Teil der Techniken für die Dekorationsmalerei, insbesondere die Imitation von Holz und Marmor und das Vergolden. Alle Erklärungen sind aus der professionellen Praxis entstanden. Sie bilden eine nützliche Grundlage sowohl für den Hobbykünstler als auch für den Berufsanfänger in der Innendekoration und sind eine unverzichtbare Ergänzung für den Maler und Lackierer.

Die praktischen Beispiele wenden sich an alle Interessenten. Die Techniken sind nicht schwierig; das benötigte Material ist für alle erhältlich. Die Voraussetzungen sind also günstig. Einzige Bedingung: man übt zuvor ausreichend auf entsprechenden Probeflächen.

Die Beschreibung der Arbeiten erfolgt für üblicherweise zu behandelnde Oberflächen: Wände, Holzverkleidungen, Rosetten und Möbel, aber auch für sonstige Gegenstände aller Größen: Stuckteile, Truhen, Rahmen, einzelne dekorative Tafeln etc.

Überlegungen über das Patinieren und Imitieren

Zum Dekorieren unserer Wohnung greifen wir auf zahlreiche Elemente zurück: das Mobiliar, die Polsterbezüge, den Bodenbelag, die Beleuchtung, Kunstgegenstände, Blumengebinde etc. Das Hauptelement sind jedoch die eigentlichen Flächen des Raums, den es zu gestalten gilt, also seine Decke und seine Wände. Deren Maße bilden die Grundlage für die Wahl der dekorativen Arbeiten, der Farbgebung, der Bilder etc., damit eine persönliche Atmosphäre entsteht. Bei der Konzipierung des Innendekors finden die Patinierung und die Imitation unterschiedlichen Materials ihre Hauptanwendung.

Das ist allerdings nicht ganz einfach, denn es gilt, die Regeln des guten Geschmacks in bezug auf die entsprechenden Gegenstände zu wahren.

Die in diesem Buch behandelten dekorativen Effekte haben eines gemeinsam: ihre sanfte diskrete Wirkung. Diese Eigenschaft müssen sie beibehalten, denn sie sollen ein Möbel, einen Gegenstand aufwerten und ihn nicht erschlagen.

Die gewählten Farben müssen sich innerhalb der Regeln der Farbenharmonie bewegen: Ton in Ton (Beispiel 1), Komplementärfarben, neutrale Töne, Camaieutöne (Beispiel 2), polychrome Akkorde etc.

Eine bewohnte Wohnung darf hinsichtlich ihres Stils oder ihres Charakters nicht einer gewissen Logik entbehren. Daraus folgt, daß man sein fertiges Werk bereits bei Beginn der Arbeit vor Augen sehen muß. Eine Mauer aus Quadersteinen paßt besser zu einem Renaissancemöbel oder einem dunklen rustikalen Einzelstück in unmittelbarer Umgebung als eine Patina mit dem Schwamm aus frischen Tönen im Stil unserer Zeit.

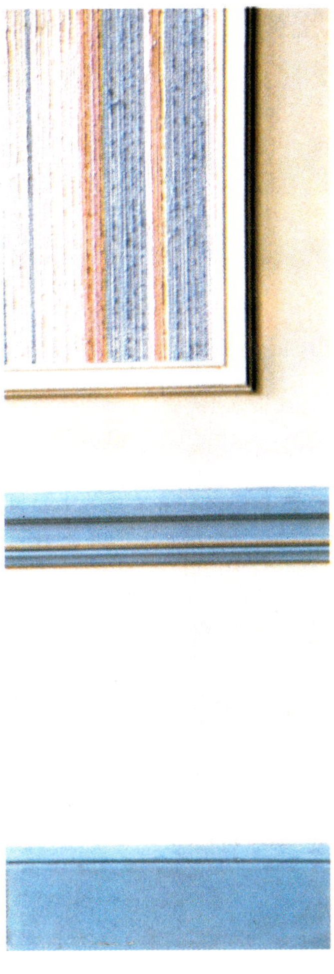

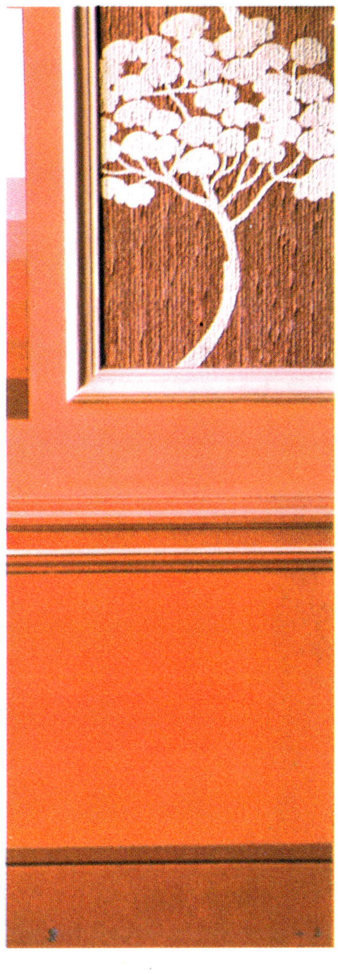

Harmoniestudie „Ton in Ton" einmal als Bezug und einmal als Holzverkleidung

Harmoniestudie als Camaieu-Malerei auf einem Bezug und als Holzverkleidung (mit Beispielen für Abstufungen aus dem Grundton)

Die Techniken

Verwendete Methoden

Die Anfertigung einer dekorativen Arbeit erfordert eine Serie von Schritten, deren chronologische Reihenfolge immer gleich bleibt. Professionell werden diese Schritte in fünf Abschnitte unterteilt, unabhängig von der zu dekorierenden Fläche.

1. Vorbereitungsarbeiten: Damit bezeichnet man die ersten unabdingbaren Schritte zur Vorbereitung einer Fläche. Beispiel: das Abwaschen der alten verschmutzten Farbe.
2. Eigentliche Vorarbeiten: Sie beinhalten das Verputzen, die Grundierung, das Schleifen etc., damit die Fläche für die nachfolgenden Arbeiten geeignet ist.
3. Streichen und Lackieren des Untergrunds: Sie liefern die übliche Farbgebung der Fläche und sind unverzichtbar vor der Anfertigung des Dekors.
4. Anlage des Dekors: Sie besteht aus der Anfertigung der vorgesehenen endgültigen Dekoration.
5. Schutzüberzüge: Sie haben den Zweck, das fertige Dekor zu schützen, und bestehen aus ein oder zwei Schichten eines transparenten Produktes.

Für die Arbeiten zur Innendekoration stehen zwei Methoden zur Auswahl:
a) Die traditionelle Methode basiert auf lösemittelhaltigen Produkten. Für den Untergrund verwendet man eine Alkydharzgrundierung und alkydharzhaltige Farben (oder eine Ölgrundierung plus Ölfarben) sowie Öllasurfarben für das Dekor und einen farblosen Alkydharzlack als Schlußüberzug.
b) Die moderne Methode mit wäßrigen Produkten. Man verwendet eine Acrylgrundierung, Acrylfarben (oder Vinylfarbe) zur Anlage des Untergrunds und stark verdünnte Lasuren desselben Produkts für das Dekor. Ein Schlußüberzug ist nicht unbedingt erforderlich.

Einige Anmerkungen:
Man kann unter Umständen von einer Methode zur anderen wechseln, ohne daß es zu Unverträglichkeiten kommt.

Beispiele:
- Eine dekorative Arbeit in mit Wasser verdünnter Acrylfarbe auf einem Grund aus matter verdünnter Alkydharzfarbe.
- Eine Lasur aus Ölfarbe auf einem Grund aus seidenglänzender verdünnter Acrylfarbe.
- Eine Öllasur auf der ersten Schicht aus Acrylfarbe.

Für Außenarbeiten
(insbesondere Zementputz und Betonflächen):
- Man verwendet Acryl- oder Vinylfarbe von der Qualität „für außen" oder Pliolithfarbe (Achtung: reduzierte Farbenskala). Diese Farben sind für direkten und indirekten Kontakt mit Alkalien geeignet.
- Man benutzt auch seidenglänzende oder matt auftrocknende Alkydharzfarbe, diese allerdings vorwiegend für Holz- und Metallflächen. Sie eignen sich nicht zum unmittelbaren Auftragen auf Zement. Wie bei der Innendekoration erhalten Öllasuren zum Abschluß einen farblosen Alkydharzüberzug.

Farben für den Malgrund vor der Anlage des Dekors

Diese Farben sind für das Endergebnis der dekorativen Arbeit von großer Bedeutung. Das setzt folgendes voraus:
- Sie müssen in zwei Schichten angelegt werden, um die zuvor grundierte Malfläche gut abzudecken.
- Vor allem die zweite Schicht muß je nach zu imitierendem Material und gewünschter Wirkung die korrekte Nuance besitzen. Siehe in diesem Zusammenhang die angegebenen Töne für die Oberfläche des jeweiligen Materials.
- Sie müssen eine glatte Oberfläche durch sorgfältiges Auftragen mit einem Malerpinsel und Verschlichten mit einem Borstenvertreiber aufweisen.

Für die traditionelle Methode
mit lösungsmittelhaltigen Farben verwendet man:
- gebrauchsfertige matte Alkydharzlacke oder Ölfarbe, die man selbst herstellt (Leinölfirnis, Weißpigment, Balsamterpentin, Sikkativ und in Öl angeriebene Tubenfarben).

Für die moderne Methode auf Wasserbasis
benötigt man:
- gebrauchsfertige wäßrige Acryl- oder Vinylfarbe, nach Möglichkeit matt, in diversen Farbtönen.

Einige Anmerkungen:
- Bestimmte Arbeiten werden mit matter Farbe ausgeführt. Davon wird später die Rede sein.
- Das sehr brillante, lasierende Aussehen von Arbeiten mit seidenglänzendem Alkydharzlack rechtfertigt die Vorliebe des Fachmannes für lösemittelhaltige Farben.
- Farben auf Wasserbasis besitzen etliche Vorteile: rasches Trocknen, geruchlose Verdünnung mit Wasser, Reinigung des Werkzeugs mit Wasser und Eignung für Arbeiten, die bestimmten Vorschriften hinsichtlich der Brandgefahr unterliegen.
- Der adäquate Farbton für den Grund ist im Handel erhältlich. Sehr helle Töne lassen sich aus Weiß und einer konzentrierten Universal-Abtönfarbe selbst herstellen.

Beispiele für den Untergrundanstrich

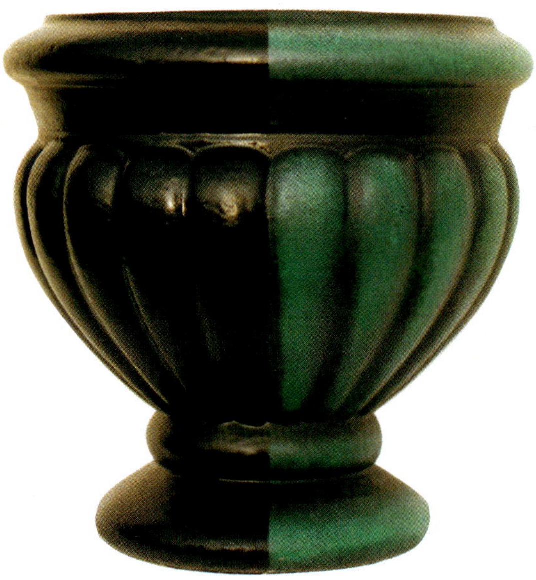

Gleichmäßiger schwarzer Grund (linke Hälfte) vor der Imitation von „antiker Bronze"

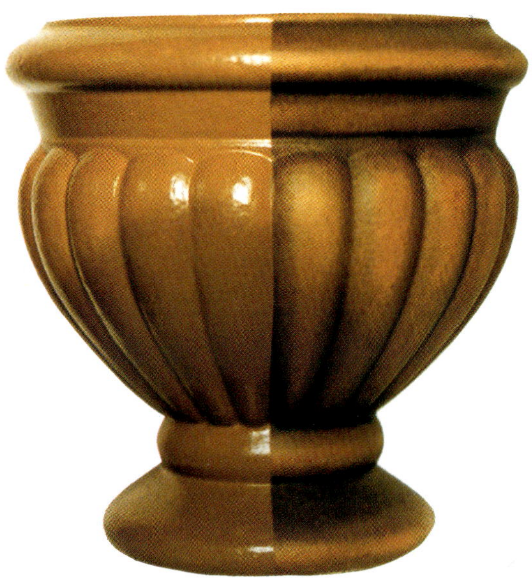

Gleichmäßiges Gelb (linke Hälfte) vor der Imitation von „Medaillenbronze"

Lasuren und Farben für die Dekors

Für dekorative Arbeiten verwendet man hauptsächlich Lasurfarbe und trägt die Lasuren entweder unverdünnt oder verdünnt auf.
Lasurfarbe ist ziemlich flüssig eingestellt, unterschiedlich stark getönt und bindemittelhaltig. Ihr charakteristisches Merkmal ist die Transparenz, so daß der Untergrund, auf den sie aufgetragen wird, mehr oder weniger durchschimmert. Das ermöglicht zahlreiche dekorative Effekte. Nur ein Beispiel: Man kann die Farbe auf vielfache Weise von der noch frischen Schicht in Teilbereichen wieder entfernen.
Für Dekors mit deckenderen Tönen wählt man eine etwas konsistentere Lasur.
Beispiele: einfarbige Motive, schmale Striche, Borten, Buchstaben oder Ornamente mit der Schablone.

Für die traditionelle Methode verwendet man:
- Öllasurfarben: 2/3 Balsamterpertin und 1/3 Leinölfirnis plus 3 % flüssiges Sikkativ sowie trockene oder in Öl angeriebene Farbpigmente in der gewünschten Nuance.

Lasurfarben lassen sich auch mit Künstler-Ölfarben aus der Tube abtönen. Dies geschieht vor allem für feine Arbeiten auf kleineren Flächen oder für besonders leuchtende Effekte.
Beispiele: blaue Lasurfarbe für den Himmel oder weiße Lasurfarbe für die Glanzlichter eines imitierten Reliefs.
- Deckende Farben: feine Künstler-Ölfarben mit etwas Firnis plus Sikkativ oder Alkydharzfarben (in kleinen Dosen), die nach Bedarf verdünnt werden.

Für die Methode auf Wasserbasis verwendet man:
- Lasuren: Feine Künstler-Acrylfarben in Tuben oder Acrylfarben der Qualität „Dekoration und Werbung". Beide werden mit Wasser verdünnt.
- Deckende Farben: Acrylfarben in Tuben oder Dosen wie oben.

Anmerkung: In beiden Fällen eignet sich auch Vinylfarbe guter Qualität.
Achtung: Wäßrige Lasuren trocknen schneller als Öllasuren.

Praktische Ratschläge für Lasuren

Eine Öllasur läßt sich ebenso auf eine getrocknete Acryllasur auftragen wie umgekehrt eine Acryllasur auf eine getrocknete Öllasur.
Derartige Überlagerungen erfolgen häufig, um einen zusätzlichen Effekt zu erzielen, eine weitere Nuance ganz oder teilweise anzubringen oder der zu imitierenden Oberfläche größere Tiefe zu verleihen.
Sogenannte Wasserlasuren können ebenfalls verwendet und direkt auf den Grund oder als Überzug aufgetragen werden. Sie bestehen aus Bier oder weißem Essig als Bindemittel, zu denen Farbpigmente gegeben werden. Zum Abschluß müssen sie mit einem Klarlack oder einer Öllasur überzogen werden.
Bei den folgenden Arbeiten bezieht sich die Aufforderung „Auftragen eines farblosen Überzugs auf den Grund" stets auf eine Öllasur. Auf dieser noch frischen Schicht kann man unmittelbar weiterarbeiten und zum Beispiel sehr weiche Lavierungen herstellen. Bei Acryllasuren ist eine Lavierung nicht erforderlich und auch nicht möglich. Man erhält dasselbe Ergebnis durch Zugabe von Wasser zum richtigen Zeitpunkt.

Einige Anmerkungen:
- Um Wasserlasur (manchmal auch eine Acryllasur) auf eine fette oder glänzende Schicht oder auf eine Öllasur aufzutragen, muß man den Grund zunächst entfetten. Dazu reibt man ihn mit einem Schwamm und einer Mischung aus wenig Wasser und Schlämmkreide ab oder setzt der Wasserlasur etwas magere Milch zu.
- Manche Gouachen und mit Wasser verdünnte „feste" Aquarellfarben lassen sich für zarte Arbeiten und kleinere Flächen ebenfalls als Lasur mit sehr feinen Nuancen verwenden.
- Der wesentliche Vorteil von Lasuren auf Ölbasis besteht im langsamen Trocknen, so daß man große Flächen in Ruhe bearbeiten kann. Nicht zufriedenstellende Ergebnisse lassen sich nachträglich retuschieren, ohne daß sichtbare Spuren zurückbleiben. Wichtig: Jede Öllasur muß nach Fertigstellung mit einem farblosen Schutzüberzug versehen werden. Dieser besteht häufig aus einem Klarlack (siehe „Schutz des Dekors").
- Ein Liter Lasurfarbe deckt eine Fläche von ca. 20 bis 24 qm ab. Ein matter Untergrund nimmt mehr Farbe auf als eine mit seidenglänzendem Material vorbehandelte Fläche.

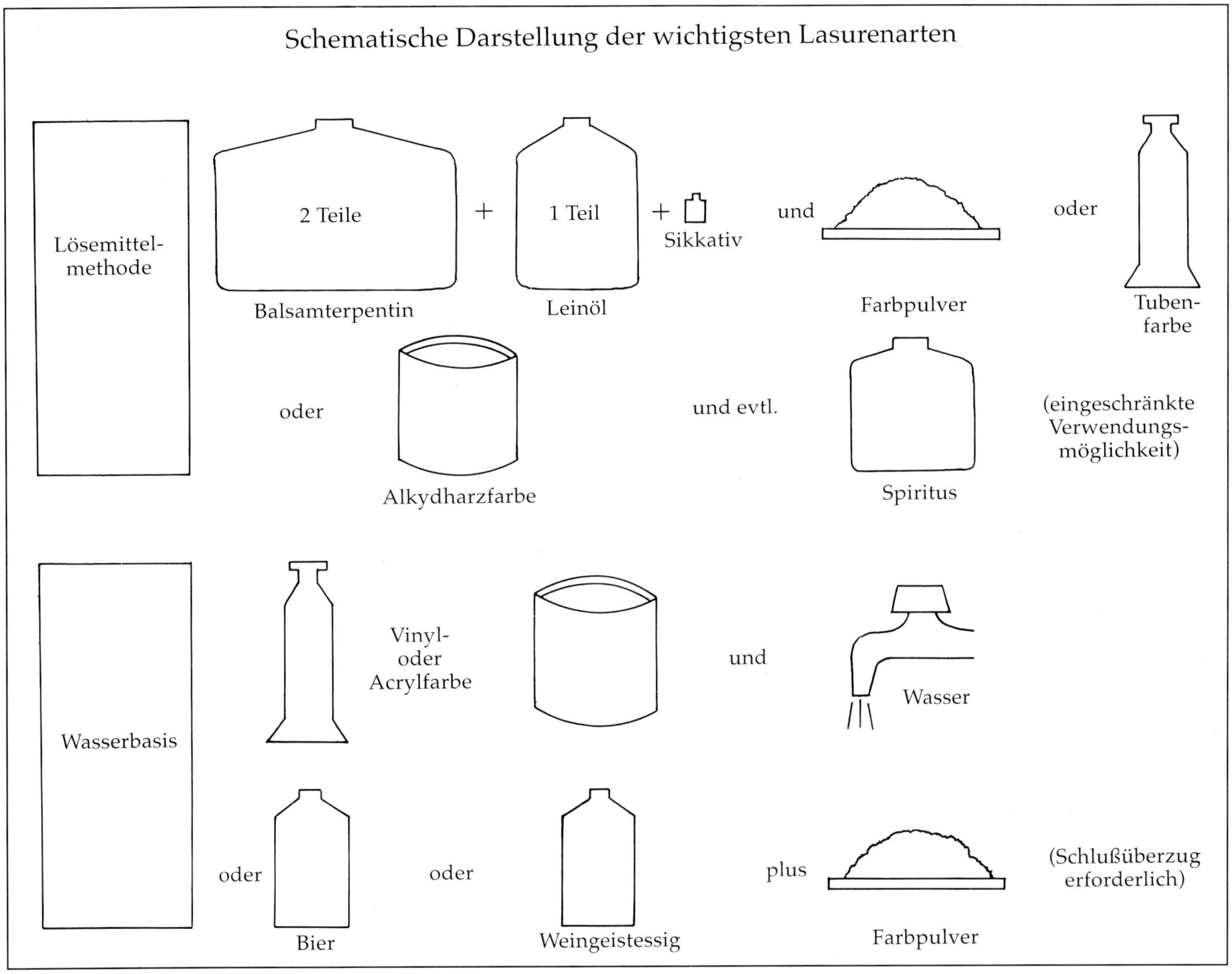
Schematische Darstellung der wichtigsten Lasurenarten
Lösemittel-
methode
2 Teile
+
1 Teil
+
Sikkativ
und
oder
Balsamterpentin
Leinöl
Farbpulver
Tuben-
farbe
oder
Alkydharzfarbe
und evtl.
Spiritus
(eingeschränkte
Verwendungs-
möglichkeit)
Wasserbasis
Vinyl-
oder
Acrylfarbe
und
Wasser
oder
Bier
oder
Weingeistessig
plus
Farbpulver
(Schlußüberzug
erforderlich)

Vorbereitung der Malfläche

Vorbereitungsarbeiten

Die Vorbereitung des Untergrunds, also der Malfläche, die wir nachstehend beschreiben, gilt für alle Arbeiten in diesem Buch. Sie besteht aus der Reinigung des Malgrunds.

Alte Flächen:

- Alte Leimfarben und pulverige Binderfarben werden mit warmem Wasser abgewaschen und mit einem Spachtel vollständig entfernt.
- Alte Ölfarben sowie matte, seidenglänzende und glänzende Alkydharzanstriche, die noch tragfähig sind, braucht man nur zu reinigen.
- Alte Vinyl- oder Acrylfarben reinigt man mit Wasser (mit etwas Spülmittel für die fettigen Stellen).
- Alle Farben, die sich in Form von Blasen oder Rissen von ihrem Untergrund gelöst haben, müssen abgebeizt und restlos entfernt werden.
- Alle mit Wachsfarbe, Lack, verschiedenen Oberflächenüberzügen oder Anti-Graffiti-Mittel behandelten Flächen werden nur angebeizt.
- Verklebte Textilbespannungen werden abgerissen und abgekratzt sowie deren Kleber entfernt.

Neue Malgründe:

- Gipsputz, Gipswände und Gipsplatten werden geschliffen und entstaubt.
- Roher Zementputz und Stuckteile aus Beton werden abgebürstet und entstaubt.
- Neues Holz sowie Holzprodukte (Sperrholz, Tischlerplatten, Preßholz, Faserplatten) werden entstaubt, Tropenhölzer mit einem in Trichloressigsäure getränkten Lappen entfettet und von allen Harzspuren befreit. Harzige Äste versiegelt man mit ein oder zwei Anstrichen Schelllack.
- Platten und Stuckteile aus Preßstoff (Gips plus Fasern) sowie die rauhen oder unebenen Stellen von Gegenständen aus Terracotta, Alabaster oder Stein müssen geschliffen werden.
- Nicht saugende Malgründe wie PVC, Preßstoff, Kacheln, Spiegel, feueremaillierte Flächen etc. werden mit Trichloressigsäure entfettet, mit Schmirgelpapier und Wasser angerauht und mit einem gebrauchsfertigen Haftgrund vorgestrichen.
- Eisenmetalle benötigen einen Korrosionsschutzanstrich, nachdem sämtliche sichtbaren Rostspuren zuvor sorgfältig entfernt wurden.
- Nicht eisenhaltige Metalle und Metallegierungen werden entfettet und zunächst mit einem Haftgrund als Grundierung beschichtet.

Anmerkung:
Achten Sie auf eine gute Qualität der Grundfarbe, und lesen Sie deren Gebrauchsanweisung aufmerksam.

Vorarbeiten

Die Zurichtung des Malgrunds besteht aus dem Glätten der Fläche durch Verputzen, Spachteln und Schleifen sowie in der Anlage der Grundierung und des Lackanstrichs.

Traditionelle Vorarbeiten für die Verwendung von Öllasuren auf Putzflächen:
- Beseitigung grober Mängel mit Modellgips, gipshaltigem Wandspachtel etc.,
- Auftragen einer Schicht Universalgrundierung, normalerweise in Weiß (Alkydharzfarbe),
- Ausfüllen kleiner Löcher (gebrauchsfertiger Wandspachtel),
- Abziehen der Fläche mit dem Spachtel je nach Zustand der Malfläche,
- Schleifen mit feinem Schmirgelpapier und Abstauben,
- Anbringen der verschiedenen Schichten für den Malgrund vor dem Dekorieren (s. S. 11).

Vorarbeiten für die moderne Methode auf Wasserbasis:
- Ausfüllen großer Löcher (Modellgips, pulverförmiger Füllstoff),
- Beseitigung kleiner Mängel (pulverförmiger Füllstoff),
- Verputzen mit dem Spachtel je nach Zustand des Malgrunds (gleiches Material wie zuvor),
- Schleifen, Abstauben,
- Grundierschicht aus Vinyl- oder Acrylfarbe (nach Bedarf),
- Untermalung vor Anlage des Dekors (s. S. 11).

Einige Anmerkungen:
Alte und neue Stuckteile, gewölbte Formen sowie Flächen mit Relief (Schalen, Stukkierungen) sollte man mit ein oder zwei Schichten einer Spezialgrundierung versehen, die mit einem Pinsel aufgetragen wird und schön gleichmäßig auftrocknet. Für beide Methoden ist in gewissen Fällen eine Sonderbehandlung erforderlich. Man benötigt:
- einen Wasser absperrenden Anstrich für feuchte oder versalzte Flächen,
- eine Spezialgrundierung für unbearbeitete, oxydierte oder neue Metalle,
- eine spezielle Haftfarbe für glatte Flächen (s. S. 15). Diese Haftfarbe kann auch bei lackierten Flächen angezeigt sein, die man nicht anlaugen oder abbeizen möchte.

Bei alten, nicht saugenden Flächen ist keine Grundierung erforderlich, vorausgesetzt, die Schlußanstriche für den Malgrund haften ausreichend an den alten Farben. Im gegenteiligen Fall übernimmt die Haftgrundierung diese Aufgabe.

Das Material

Die nachstehend genannten Pinsel, Bürsten und sonstige Werkzeuge stellen die erforderliche Ausrüstung für alle beschriebenen Arbeiten dar.

Pinsel und Bürsten

Zum Streichen gleichmäßiger Farbschichten als Untergrund für das Dekor benötigt man das übliche Malerhandwerkszeug:

- Sortiment von Rund- und Flachpinseln unterschiedlicher Größe,
- Lammfellrolle bzw. Mohairrolle zum Streichen großer Flächen.

Verwenden Sie für alle wäßrigen Farben nicht tropfende Streichrollen aus kurzer synthetischer Wolle. Für lösemittelhaltige Lacke benötigen Sie Lack- oder Velourrollen.
Achtung: Die Verwendung von Streichrollen ergibt ein sogenanntes Apfelsinenschalenkorn. Man muß die Farbe daher anschließend mit einem breiten Vertreiber abschnittweise verschlichten (s. Abb. Nr. 13, S. 18). Beachten Sie, daß manche Dekors das Apfelsinenschalenkorn erfordern, zum Beispiel imitierte Steine. Auch einige Dekors, die aus einem gewissen Abstand betrachtet werden, wirken auf einer gerollten, nicht vertriebenen Fläche besser. Beispiel: dekorierte Fassaden.

Das Auftragen von Lasuren für Dekors und von Schlußüberzügen erfolgt in der Regel mit demselben Malerhandwerkszeug:

- Sortiment Rund- und Flachpinsel unterschiedlicher Größe sowie ovale Spezialpinsel zum Lackieren (siehe Illustrationen Nr. 1, 2 und 14, S. 18).

Für Farben auf Wasserbasis kann man auch speziell angebotene weiche Kunstfaserpinsel verwenden, mit denen es sich auf rauhem Grund allerdings erheblich langsamer arbeiten läßt.

Für die Anfertigung der dekorativen Arbeiten sind als Minimum folgende Dekorpinsel erforderlich:

- Patinierpinsel
- Dekorflachpinsel (drei Größen)
- Künstlerflachpinsel (unterschiedliche Größen)
- Schrägstrichzieher
- Ringpinsel (2 Größen)
- Schläger
- Rotmarderpinsel (eckig, mittelgroß mit Spitze, klein) oder Kunstfaserpinsel
- weiche Pinsel (verschiedene Ausführungen)

Pflege der Pinsel

Pinsel für den Grund- und Schlußanstrich:

- Pinsel und Rollen für Alkydharzfarben werden nach Gebrauch in Wasser gehängt.
  Bei erneuter Verwendung drückt man sie aus und rollt sie auf einem trockenen Untergrund.
- Pinsel und Rollen für Farben auf Wasserbasis werden unmittelbar nach Gebrauch mit Wasser und Schmierseife gereinigt.
  Sie werden liegend, hängend oder in einer Pinselrolle auf dem Stiel stehend trocken aufbewahrt.

Dekorationspinsel:

- Bei Verwendung von lösemittelhaltigen Lasuren und Farben reinigt man den Haarkörper mit Terpentinersatz, wäscht ihn mit Kernseife, spült ihn mit Wasser und bewahrt ihn flach liegend auf.

- Pinsel für Farben auf Wasserbasis werden in Seifenlauge gereinigt, mit lauwarmem Wasser gespült und ebenfalls flach liegend aufbewahrt.

Pinsel zum Lasieren und Lackieren:
- Gleiche Behandlung wie Dekorationspinsel.

Spezialpinsel für Dekors

- Dachsvertreiber (1): kleiner rechteckiger Pinsel aus Dachshaar.
  Verwendung: Verwischt Farbeffekte innerhalb einer Lasur besser als der Flächenstreicher (marmorierte Patina, nuancierte imitierte Steine, Holzmaserung, Perlmutt etc.).
- Einkehrpinsel aus Fehhaar (2), rund, höhere Preisklasse. Unterschiedliche Durchmesser.
  Verwendung: Hauptsächlich für Vergoldearbeiten und gleichmäßige granitartige Bemalung. Siehe gesprenkelte Patina (S. 48) und Imitation von Granit (S. 88).
- Schablonierpinsel aus Schweinsborsten (3 und 4) unterschiedlicher Größe.
  Verwendung: Ornamente sowie Buchstaben und Ziffern mit Hilfe von Schablonen (s. S. 94).

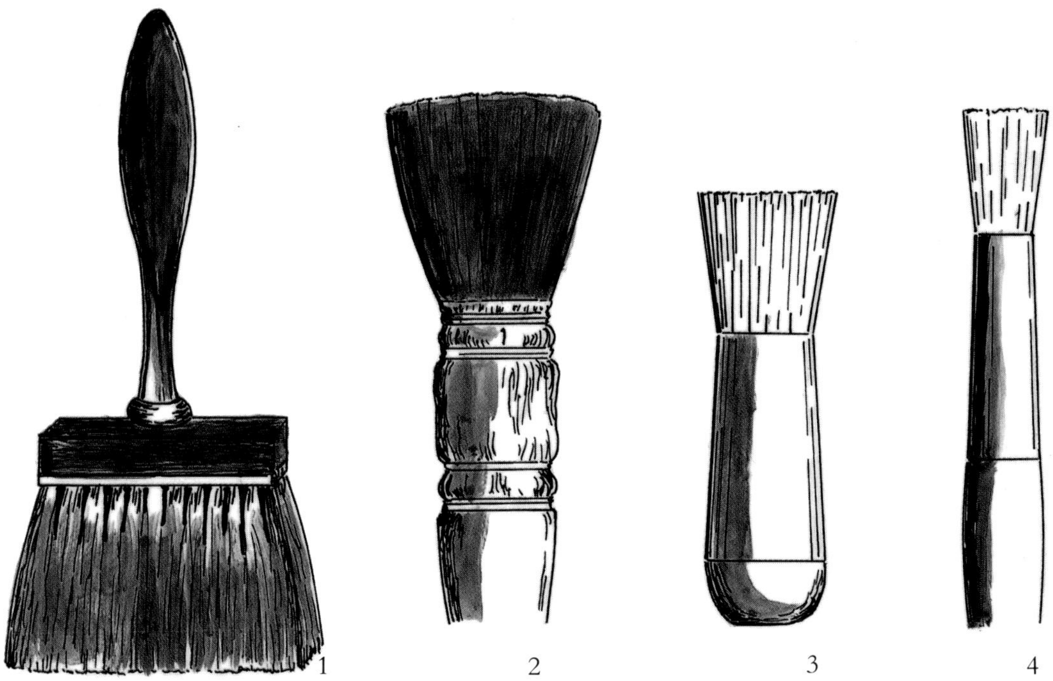

Nomenklatur und Formen

1. Vorbundpinsel (Kapselpinsel oder Ringpinsel aus Schweinsborsten): Malerpinsel mit unterschiedlichem Durchmesser.
Verwendung: Auftragen von Anstrichen, (einfarbige Tönung), Anlegen von Lasuren und Schlußüberzügen. Die Pinsel sollten nur für den jeweiligen Zweck benutzt werden.
2. Lackierpinsel (Schweinsborsten): unterschiedliche Breite und Dicke.
Verwendung: Dieselbe wie Vorbundpinsel, jedoch für kleinere bzw. profiliertere Flächen oder wertvollere Arbeiten. Lackierpinsel können bei gewissen Dekors die Rolle des Flächenstreichers übernehmen.
3. Abstauber, gerade (Schweinsborsten).
4. Schläger (Wildschweinborsten, Roßhaar).
Verwendung: Imitation gewisser Holzmaserungen durch Schlagen der Lasur; Spezialeffekte.
5. Borstenvertreiber oder Flächenstreicher für Dekors (Schweinsborsten).
Verwendung: Verschlichten von mit Rundpinseln aufgetragenen Lasuren, Effekte innerhalb der Lasuren (Unebenheiten, Wimmerungen, Moiré-Effekte, Streifen und Lavierungen).

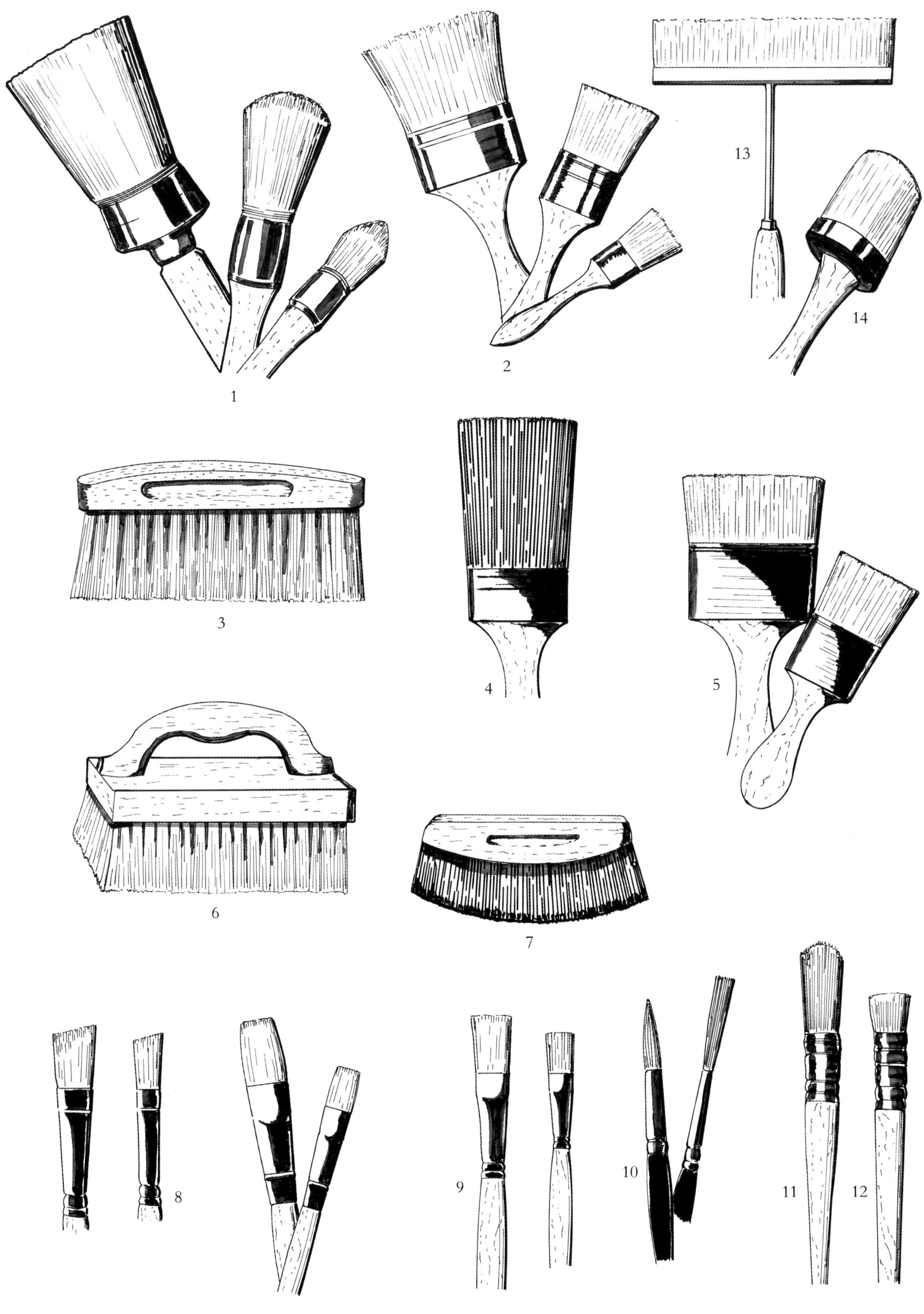
1
2
13
14
3
4
5
6
7
8
9
10
11
12

6. Stupfbürste (Schweinsborsten): nach Bedarf zum Egalisieren von Ölfarbanstrichen und dicken Lasuren.
Verwendung: Stupfen von Untergrundschichten, um ein markantes Korn zu erhalten.
7. Staubbürste (Naturborsten): zum Abstauben von Flächen vor Beginn der Malerarbeiten.
Verwendung: Abstauben, Stupfen von Bronzelasuren und Patinieren kleiner Objekte. Beispiel: Gegenstände aus Schmiedeeisen.
8. Strichzieher (Schweinsborsten oder Kunstfaser): schräg und gerade.
Verwendung: Anlegen schmaler gerader Striche mit einem Lineal oder Malstock (dekorative Borten, Steinfugen, Schattenlinien, imitierte Profilleisten).
9. Künstlerpinsel, flach (Schweinsborsten, Rotmarder oder Kunstfaser): unterschiedliche Größen, verschiedene Ausführungen.
Verwendung: für alle kleinen Flächen, Nuancierungen, Maserung von Stein etc.).
10. Rotmarderpinsel unterschiedlicher Größe mit scharfer und viereckiger Spitze.
Verwendung: Anlage von schmalen Strichen auf gekrümmten Flächen, Steinfugen an Profilleisten, für Umrisse, Ornamente etc.
11. Weiche Rundpinsel (langes Fehhaar): für Bronzepulver und Vergoldungen.
12. Weiche Rundpinsel (kurzes Fehhaar).
Verwendung: Lavierungen und Abstufungen von schmalen Streifen für Licht und Schatten, äußerst sanftes Verwischen durch Stupfen.
13. Flächenstreicher (Verwendung s. S. 16).
14. Ovaler Lackierpinsel (Verwendung s. S. 16).
Ohne Abb.: Patinierpinsel (Schweinsborsten).
Verwendung: Stupfen von Patinierlasuren. Ermöglicht äußerst zarte Lavierungen von Nuancen. Stupfen von frischer Farbe.

Handwerkszeug und kleines Zubehör

Neben den erforderlichen Dekorationspinseln, die bei der Beschreibung der einzelnen Arbeiten genannt werden, benötigt man einige Werkzeuge und Zubehör:
- eine traditionelle Palette aus Holz sowie eine aus Kunststoff,
- einige Stahlkämme für die Holzimitation (Eiche),
- einige Rupfentücher,
- Metall- und Kunststoffgefäße für die Farben,
- mittleres und feines Glaspapier sowie Naßschmirgelpapier (etwa Nr. 360),
- selbstklebende Abdeckbänder von 9 mm, 19 mm, 25 mm und 50 mm Breite zum Abdekken der Umrisse, Ränder, Fugen der zu imitierenden Steine etc.,
- ein oder zwei Zahnbürsten (mittelstark),
- Bleistift mit harter Mine, Kreiden und Zeichenkohle für die Vorzeichnung,
- Dosen unterschiedlicher Größe (Konservendosen aus Weißblech),
- Schablonenkarton sowie Zinn- oder Bleifolie für Schablonen,
- Cuttermesser zum Ausschneiden,
- Pauspapier zum Übertragen der Motive.

Zum Patinieren:
- nicht fusselnder weißer Baumwollappen zum Abwischen,
- zwei runde Naturschwämme, mittel und klein,
- Fiberschwamm (groß),
- ein runder Metallschwamm (Scheuerschwamm),
- ein Wildledertuch mittlerer Größe.

Für die Imitation von Stein:
- Zentimetermaß, Wasserwaage, Lineal zum Stricheziehen. Auch eine Schnur (weiße tressierte Kordel) eignet sich sehr gut zum Anlegen langer gerader Striche zwischen zwei Festpunkten. Man pudert sie mit Farbpulver (weiße Kreide, Lichter Ocker oder Papierkohle, das man in ein gefaltetes Papier gibt), bevor man sie an die zu markierende Wand spannt.
- Werkzeug zum Patinieren von farbigem Stein.

Für die Anlage von schmalen Streifen (dekorative Striche, Steinfugen etc.):
- ein flaches Lineal von 1 Meter Länge aus hellem Holz,
- ein flaches Lineal von 50 cm Länge aus hellem Holz.

Man läßt sie am besten aus Leisten von 35 mm Breite und 5 mm Dicke zuschneiden. Nach dem leichten Abschleifen der scharfen Kanten überzieht man das Holz mit zwei Schichten Klarlack (oder Schellack), damit eventuelle Farbspuren während der Arbeit mühelos entfernt werden können.

- ein Farbnapf aus einer kleinen runden Dose mit zwei Löchern zu beiden Seiten, durch die ein Elektrodraht als Henkel geführt wird. Während des Linienziehens schiebt man diesen über den Daumen oder befestigt ihn am Revers oder an der Tasche seiner Arbeitskleidung.

Übung zum Linienziehen: Üben Sie auf einem Blatt Papier oder einem Mauerabschnitt, und halten Sie die Geräte, wie unten angegeben: Das eine Ende des Lineals wird mit den Fingern von der Mauer getrennt (A), das andere Ende wird auf die Mauer gestützt (B). Für senkrechte Striche gilt dasselbe (C).

Für die weiteren dekorativen Elemente verwendet man das bereits genannte Werkzeug und Zubehör.

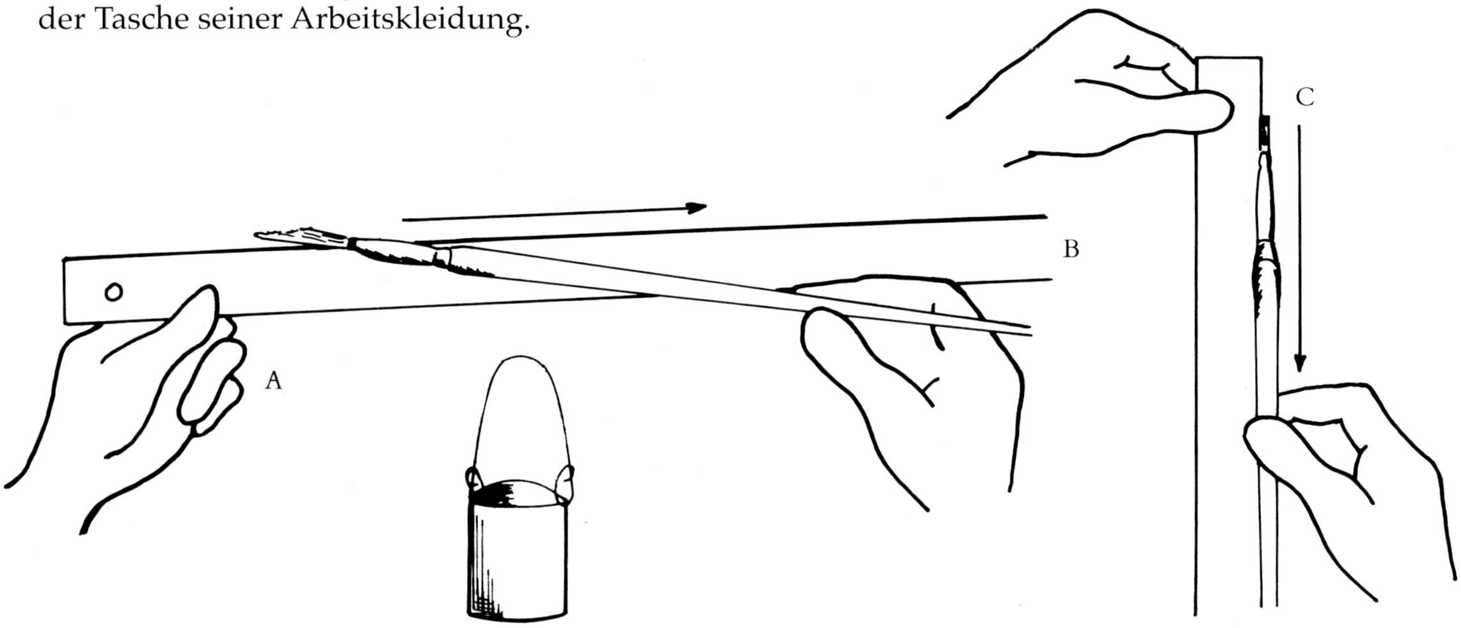

Die Farben

Für den Untergrund vor der Dekoration:

- Seidenglanzlack oder seidenglänzende Acrylfarbe. Beide sind weiß und farbig erhältlich (siehe Farbenkarten der Hersteller),
- konzentrierte Universal-Abtönpaste (in Kunststoffflaschen) zum Selbstbereiten der Farben oder um einen hellen Ton zu verändern,
- Spiritus zum Verdünnen von Alkydharzfarben, Lasuren und Grundierungen sowie zum Säubern (Flecken, Pinsel und Bürsten).

Anmerkung:
Nicht alle Alkydharzfarbentypen können mit Spiritus verdünnt werden. Probe erforderlich.

Sonderfälle:
Matte Alkydharz-, Vinyl- oder Acrylfarben vor der Anfertigung bestimmter Patina (siehe Kapitel: Patinieren),

- Matte gestupfte Alkydharzfarben vor der Imitation von Stein.

Für Dekorationsarbeiten:

- Leinölfirnis, Balsamterpentin, flüssiges Sikkativ als Trockenstoff für Lasuren in Öl,
- Künstler-Pigmente in Pulverform für Lasuren in Umbra natur und gebrannt, Karminlack, Casslerbraun, Ultramarinblau, Gelblack, Goldocker, Lichter Ocker, Kobaltblau, Echtgrün und Zinkweiß. Diese Pigmente empfehlen sich wegen ihrer Transparenz.
- Künstler-Ölfarben in Tuben,
- Künstler-Acrylfarben oder Vinylfarben in Tuben,
- Alkydharz-, Acryl- und Vinylfarben in kleinen Dosen, Qualität „Dekoration und Werbung".

Verschiedene zusätzliche Produkte:

- Bronzepulver für Metalleffekte,
- Speziallacke: zum Bronzieren und Vergolden, auf Alkoholbasis (Copallack oder klarer Schelllack), Überzug aus wäßrigem Bindemittel (um die Farbe wasserfest zu machen).
- Bier, weißer Essig für Wasserlasuren,
- Gouache, Aquarellfarben in Tuben, besonders für kleine zarte Arbeiten,
- Schlußüberzug,
- Schlämmkreide zum Reinigen fettiger Flächen vor dem Auftragen von sogenannten Wasserlasuren. Sie kann auch zu Öllasuren gegeben werden, um deren Konsistenz – die sogenannte Standfestigkeit – zu erhöhen und das Verlaufen zu begrenzen, ohne den ursprünglichen Ton zu verändern.
- Spezialmarker (Gouache oder Vinylfarbe), um mühelos gewisse Striche oder schmale Streifen anzulegen: zum Beispiel Steinfugen, für Einlegearbeiten etc.
- Schmierseife zum Reinigen der Dekorationspinsel.

Wichtigste Pigmente in Pulverform für farbige Lasuren

Umbra natur

Umbra gebrannt

Siena natur

Siena gebrannt

Rußschwarz

Casslerbraun

Kobaltblau

Ultramarinblau

Echtgelb

Krapplack

Smaragdgrün

Echtgrün

Goldocker

Lichter Ocker* (oder Oxidgelb)

Rotocker* (oder Englischrot*)

Einige Anmerkungen:

- Lichter Ocker, Rotocker und Englischrot (mit * versehen) sind weniger transparente Pigmente. Sie haben sich jedoch in geringen Mengen für gewisse Imitationen als sehr nützlich erwiesen. Beispiel: imitierte Ziegelsteine (S. 91).
- Lasuren für große Flächen (Mauern, Holzvertäfelungen etc.) können bei gutem Ergebnis angelegt werden, indem man die Farbpigmente direkt in Firnis ansetzt. Man erhält eine knotenfreie Farbe, wenn man die Masse mit einem kleinen alten Ringpinsel umrührt.
- Für bessere und genauere Arbeiten (zarte Patina, dekorative Tafeln, lackierte Gegenstände) werden die Lasuren abgetönt: entweder mit pulverförmigen Pigmenten, die man zuvor auf einer glatten Fläche mit einem Palettmesser und etwas Lasurbindemittel durchgearbeitet hat, oder mit feinen Tubenfarben der gleichen Bezeichnung. Die cremig angeteigte Farbe wird mit Hilfe eines kleinen Borstenpinsels untergemischt.

Das Patinieren

In der Sprache der Maler versteht man unter dem Begriff Patinieren eine Technik, mit der man einen zuvor angelegten Ton mit einer Farblasur verändert, häufig mit dem Ziel, ihn künstlich altern zu lassen. Mit dieser einfachen Methode – Auftragen eines hauchdünnen getönten Überzugs – lassen sich zahlreiche dekorative Effekte erzielen, die man wie folgt klassifizieren kann:

1. Alterungspatina
Bei dieser traditionellen Patina wird der klare Ton einer frisch aufgetragenen Farbe abgestumpft. Man erhält also schattige Stellen. Die Methode eignet sich gut für Räume mit einer rustikalen Einrichtung (alte Möbel etc.).
Je nach Oberfläche bieten sich zwei Techniken an:
- Nachaltern mit einer Lasur: für kleine Flächen, Objekte, Reliefs etc.
- Nachaltern mit zwei Lasuren: für große Flächen, Decken und Zimmerwände etc.

2. Wachspatina
Diese Patina erhält man, indem man die bereits bemalte Fläche mit farbigen Wachsstücken oder -stäben streifig abreibt.
Auf Holzvertäfelungen, kleinem bemalten Mobiliar etc. ergeben die farbigen Streifen und Pünktchen eine tuchartige Wirkung, die gut zu Dekorationsstoffen in Wohnräumen paßt.

3. „Antike" Patina
Diese Sondertechnik, die das Ziel hat, ein höheres Alter vorzutäuschen, umfaßt mehrere Methoden: Verstauben, Verkratzen, Verschrammen, mit Gebrauchsspuren versehen, Abschaben etc.

4. Dekorative Patina
Ziel dieser Patina ist nicht das künstliche Altern, sondern eine individuelle dekorative Wirkung, mit der man ein anderes Material vortäuscht.
Das Patinieren kann auf unterschiedliche Weise erfolgen: mit Farbe, durch Abtupfen mit einem Tuch oder Schwamm, Wickeln, Maserieren, Sprenkeln etc.

Beherrscht man diese Techniken, kann man leicht weitere Methoden entwickeln und neue dekorative Kombinationen zusammenstellen.
In einem Raum wirken diese Arbeiten grundsätzlich nur harmonisch, wenn die Farben mit denen ihrer Umgebung übereinstimmen. Daher die große Bedeutung der Nuancen für den Untergrund und die Lasuren. Fertigen Sie unbedingt Probeaufstriche an, bevor Sie sich an das eigentliche Werk machen.

Formplatte (für Zimmerdecken) mit Alterungspatina aus zwei Lasuren und anschließendem Wischen des Reliefs

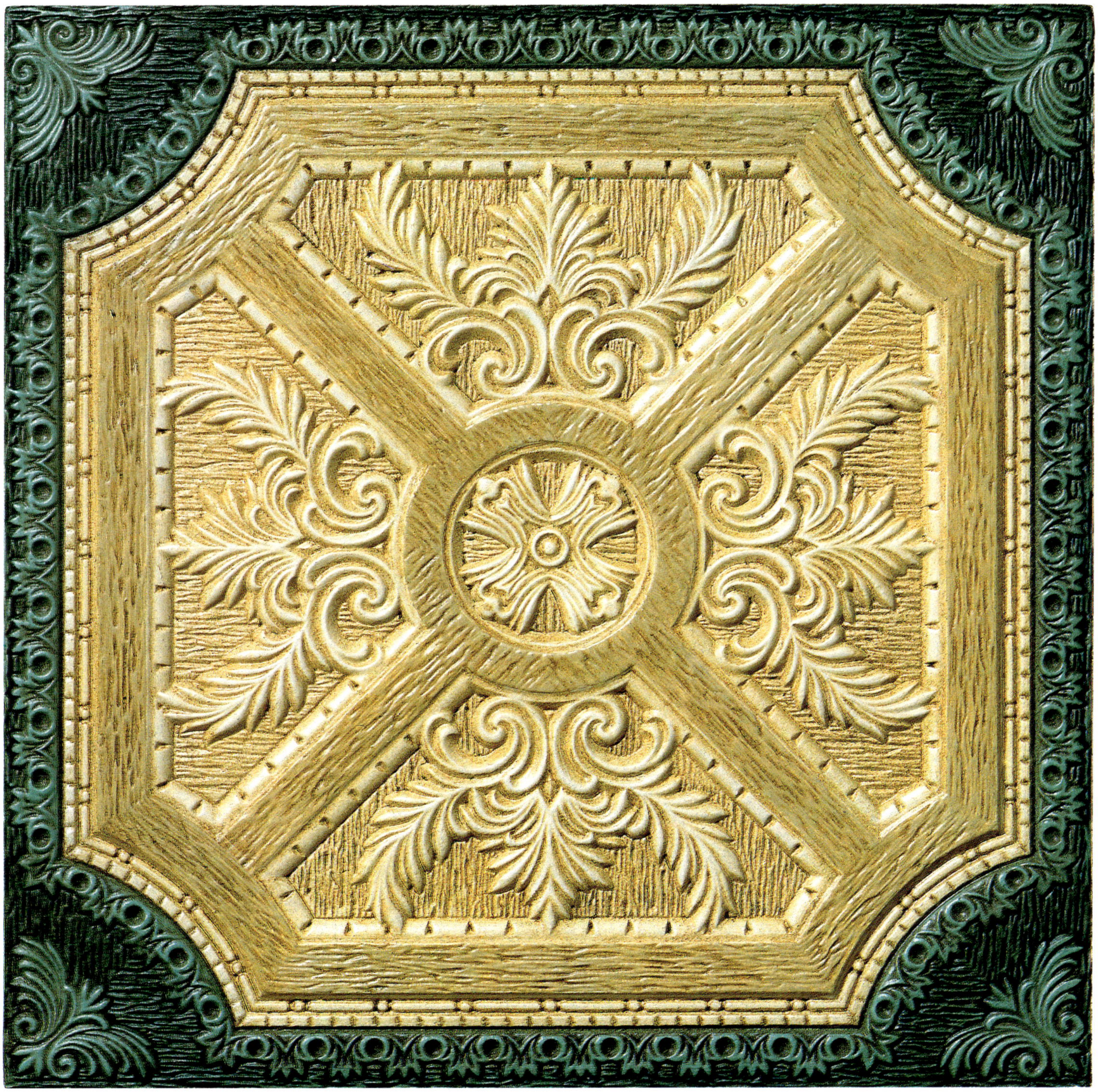

Alterungspatina mit einer Lasur

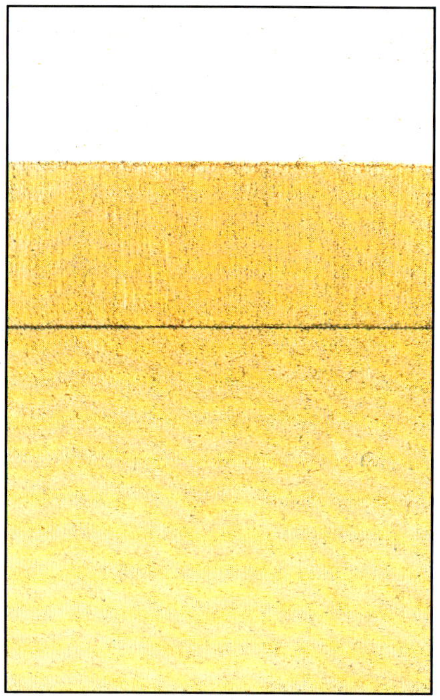

1

2

Bei der Alterungspatina wird stets eine Lasur aus einer gebrochenen Farbe auf einen helleren neuen Grund aufgetragen.

Untergrundfarbe: Variabel je nach vorgesehener Harmonieskala.
Pinsel: Lasierpinsel, Flächenstreicher, Patinierpinsel, Dachsvertreiber.
Lasur: Hauptsächlich Öllasur, aber auch Acryllasuren auf Wasserbasis für kleine Flächen.
Hauptpigmente: Siena natur (für Vergilbungen), Umbra natur, Casslerbraun oder Schwarz (für die Verschmutzungen) sowie der dominierende Ton des Grunds.

Betrachten Sie die nebenstehenden Beispiele:
1. Lasurfarbe + Siena natur + Umbra natur.
2. Lasurfarbe + Siena natur + Schwarz + eine Spur Echtgrün.
3. Lasurfarbe + Umbra gebrannt + eine Spur Siena natur.
4. Lasurfarbe + Umbra natur + eine Spur Ultramarinblau.

Machen Sie einige Probestriche mit den Farblasuren auf dem vorgesehenen Grund.
Um das tatsächliche Ergebnis beurteilen zu können, muß die Lasur gestupft werden.

Methode zum Patinieren von Gegenständen oder Elementen mit einem Relief:

Rosetten, Kranzgesims, Profilleisten, Skulpturen, Statuetten, Kunstschmiedearbeiten, Metallstäbe, Geländerspindeln, Stühle, bemalte Objekte etc.
a) Tragen Sie die farbige Lasur auf den helleren Grund auf. Haben sich Tropfen gebildet oder sind kritische Stellen nicht getroffen, muß man die Schicht ggf. mit einem Flächenstreicher oder Modler nochmals durcharbeiten.
b) Wischen Sie die Farbe energisch von den erhabenen Stellen, den Kanten und der Mitte der Fläche wieder ab.
c) Dämpfen Sie zu kräftige Wischspuren innerhalb der deckenden Fläche mit dem Dachsvertreiber.
d) Stupfen Sie das Ganze mit einem Ringpinsel, bis Sie ein feines gleichmäßiges Korn erhalten haben. Beenden Sie die Arbeit mit sehr sauberem Wischen mit einem Lappen auf dem Relief und an den Kanten in eine Richtung.
Betrachten Sie die Arbeit zum Abschluß aus einem gewissen Abstand, um die Wirkung zu überprüfen.

Einige Anmerkungen:
- Kleinere Reliefs kann man eventuell stupfen, indem man nach dem Wischen mit den Spitzen eines Flächenstreichers senkrecht in die Lasur „sticht".
- Für schnelles Arbeiten, zum Beispiel auf Metallstäben, kann das Stupfen mit einer Staubbürste erfolgen (gemischte Naturborsten).

3

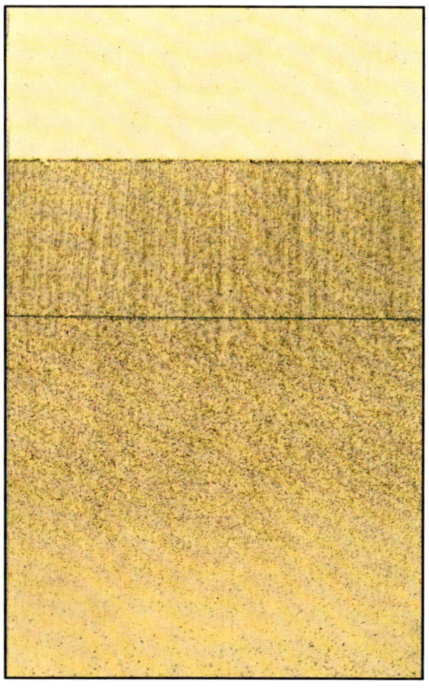

4

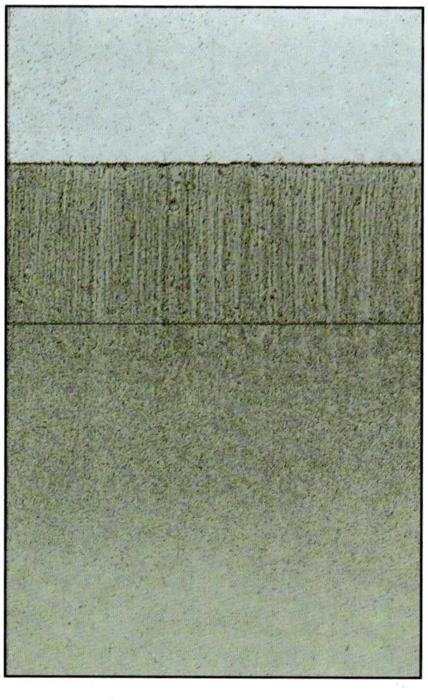

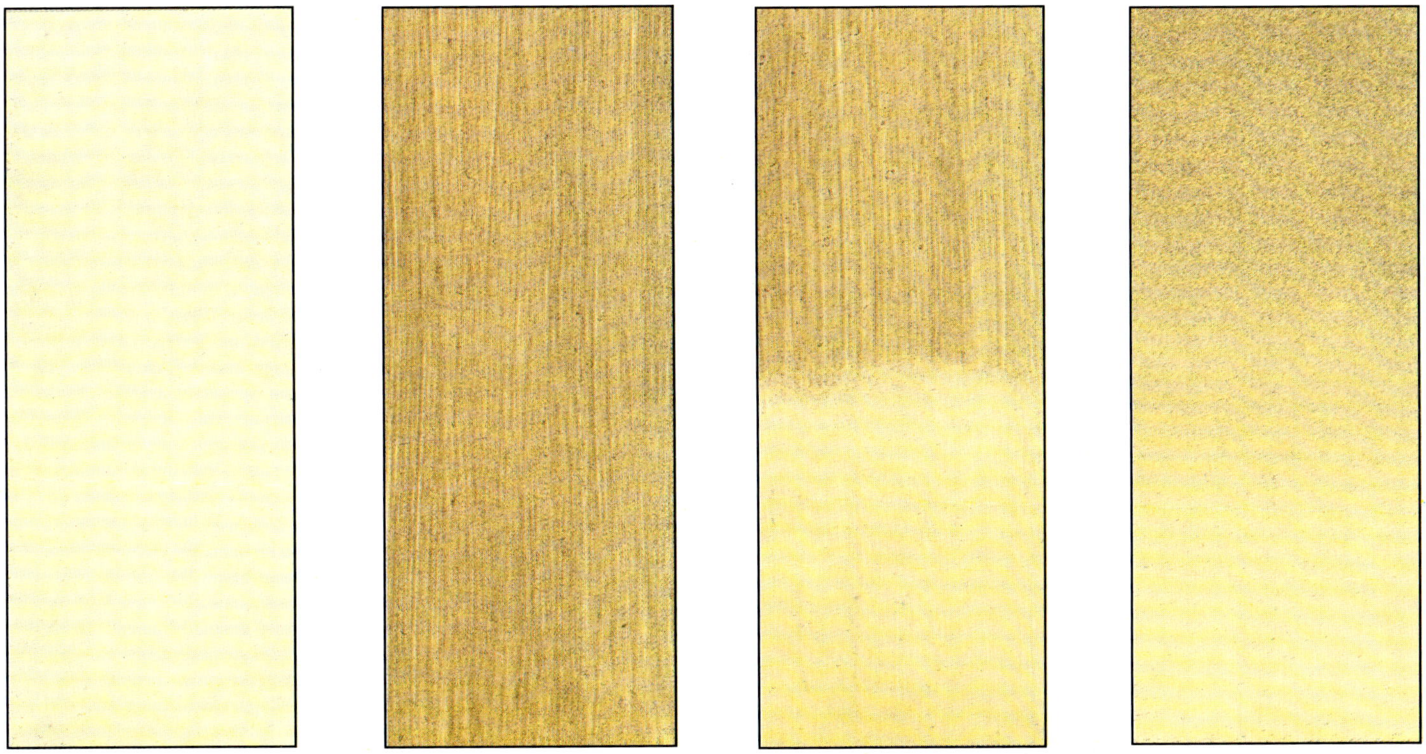

Heller gleichmäßiger Untergrund

a. Lasurüberzug

b. Abwischen des Reliefs

c. Dämpfen und Stupfen

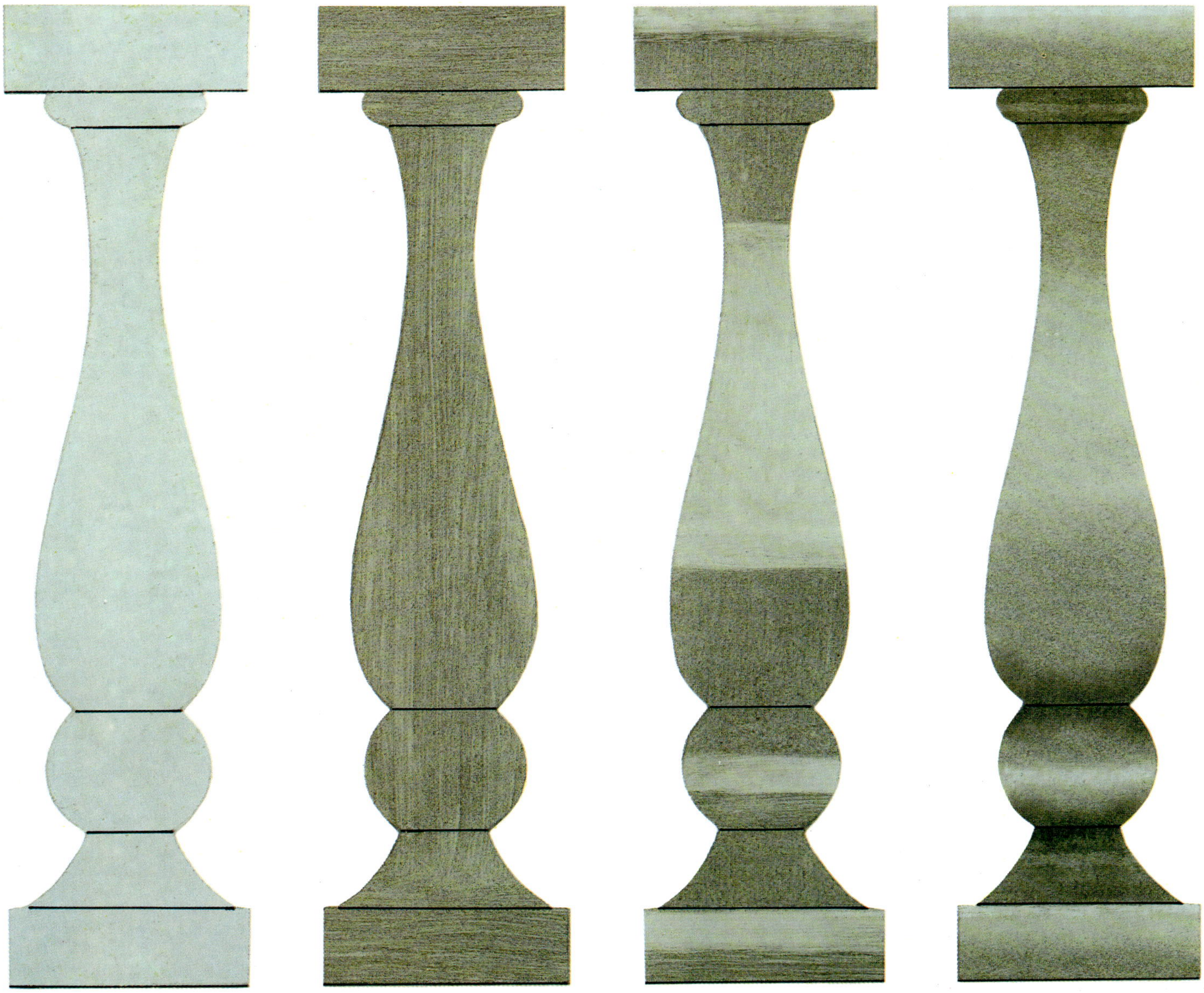

Methoden zum Patinieren von Platten und kleinen Holvertäfelungen:

Profiltüren, kleine Lambris, Sockel, Fenster, gestrichene Möbel etc.
(Verwenden Sie nach Möglichkeit Öllasuren, damit Sie genügend Zeit haben und in Ruhe lavieren und stupfen können.)

a) Legen Sie die Lasurfarbe auf den helleren Grund. Vertreiben Sie den Anstrich mit dem Ringpinsel oder einem Borstenvertreiber, ohne daß die Farbe in den Reliefs oder an Leisten zu fett stehenbleibt.
b) Wischen Sie die Lasur gleichmäßig in der Mitte der Tafel, in der Mitte der Schmalseiten, auf halber Höhe der Scheuerleiste, in den Rillen der Winkel etc. Drücken Sie nicht zu stark auf. Der ursprüngliche Grundton soll nicht wieder erscheinen. Lassen Sie bewußt einen Teil der Lasur stehen (in der Abbildung punktiert).
c) Lavieren Sie die Übergänge zwischen den gewischten und den lasierten Stellen mit einem Dachsvertreiber.
d) Stupfen Sie diese sowie die weiteren nicht gewischten Stellen.

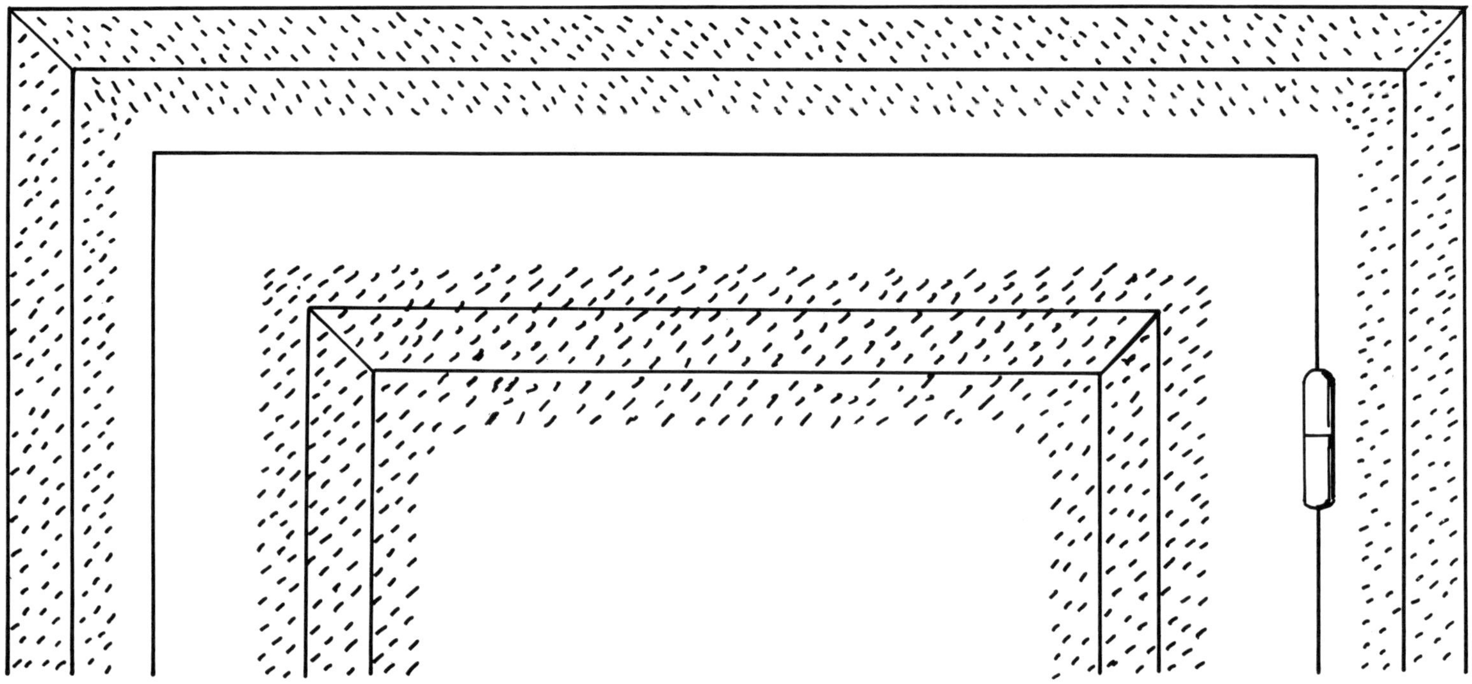

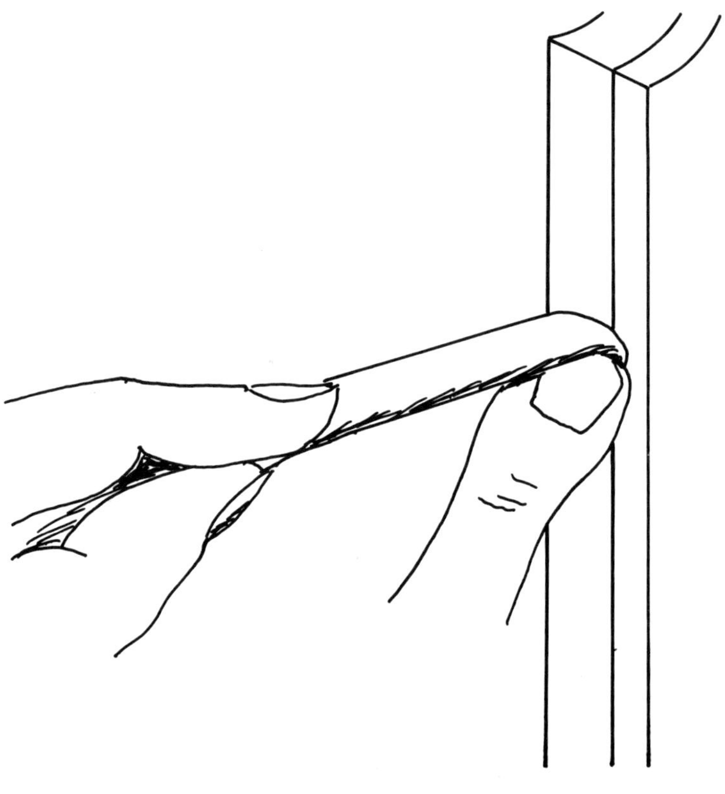

Einige Anmerkungen:
- Zum Wischen von flachen gleichmäßigen Flächen verwendet man ein zusammengelegtes weißes Baumwolltuch.
- Zum Wischen von Kanten, oberen Rändern der Leisten und Skulpturen verwendet man einen Streifen aus demselben Material und hält diesen wie nebenstehend skizziert.
- Ist der Stoff mit Farbe durchtränkt, rutscht man mit dem Finger weiter und kann auf diese Weise stets sauber arbeiten.

a. Lasurüberzug

c. Lavierungen an den Begrenzungen

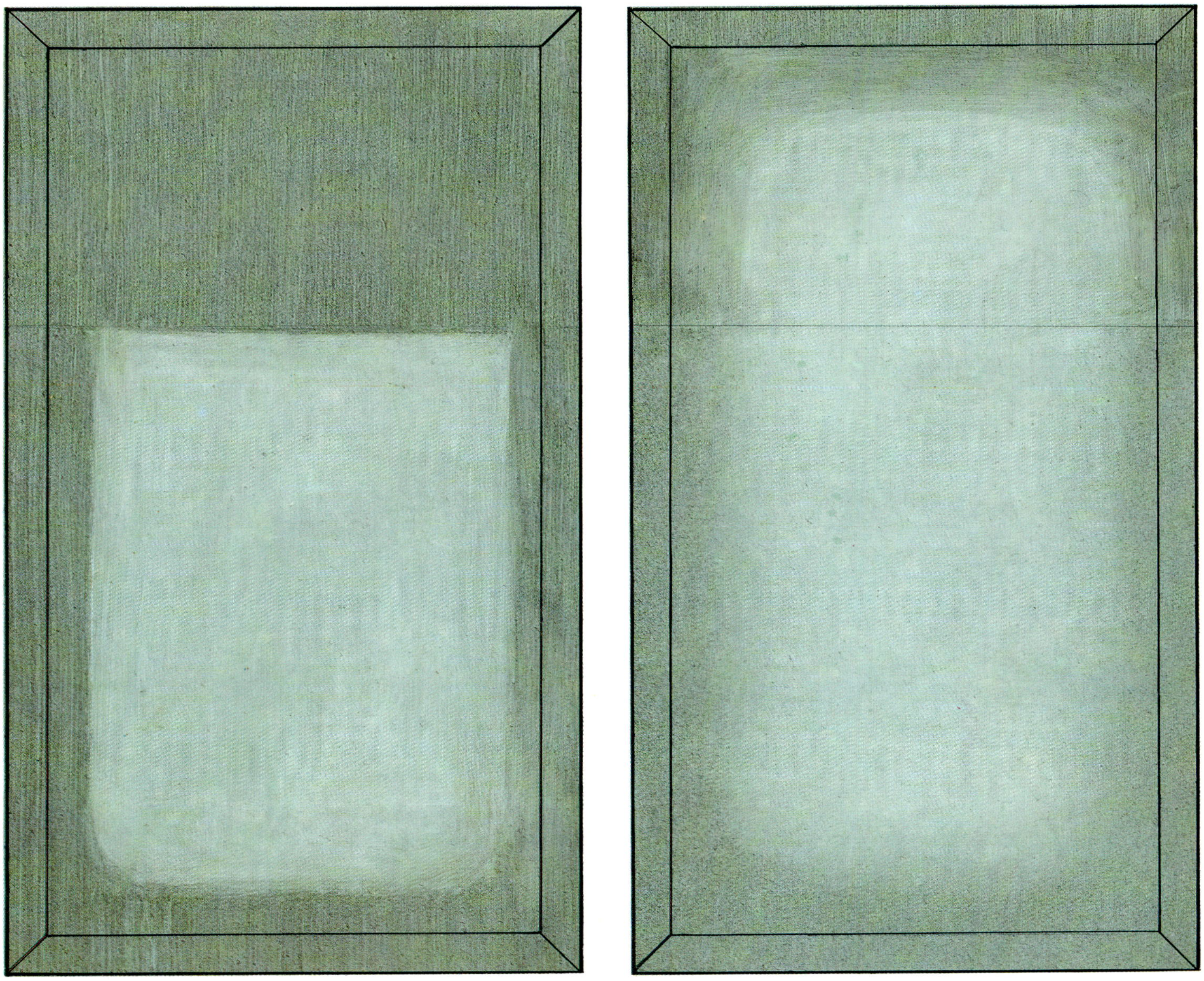

b. Wischungen

Grundtechnik der Alterungspatina mit einer Lasur

d. Abschließendes Stupfen

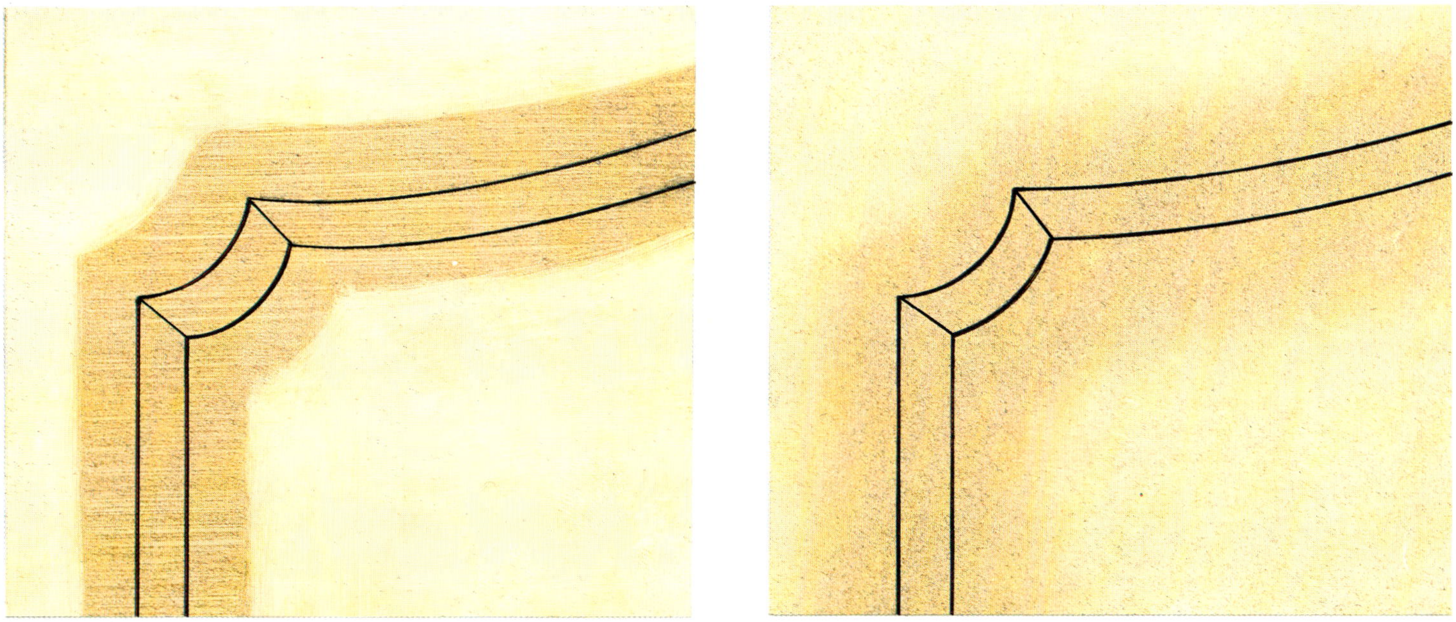

Beispiel für ein geschweiftes Profil mit seinen schmalen Kanten

Alterungspatina mit zwei Lasuren

Die vorige Methode beruht im wesentlichen auf einer Wischtechnik, bei der die Lasur nur in den Vertiefungen und der Umrandung der Tafel erhalten bleibt.

Die Alterungspatina mit zwei Lasuren unterscheidet sich insofern davon, daß man zunächst eine helle Lasur auf die gesamte Fläche aufträgt. Der zuvor angelegte Grund scheint durch, deshalb erübrigen sich umfangreichere Wischungen. Anschließend werden die zu schattierenden Stellen mit einer zweiten dunkleren Lasur überfangen.

Methode zum Patinieren mittlerer und größerer Flächen:

Zimmerdecken, Mauern, Tafelwerk, Möbel, Pfeiler etc.
(Um diese langwierige umfangreiche Arbeit gut auszuführen, benötigt man Öllasuren.)

a) Überziehen Sie das gesamte Teil mit einer hellen Lasur (Mauer für Mauer, Tür für Tür etc.).
b) Stupfen Sie alles mit einer Stupfbürste; sparen Sie die Stellen für die Schatten aus.
c) Tragen Sie eine zweite dunklere Lasur in gleichbleibender Breite und Struktur außen um die Mauer oder die Tafel auf. Folgen Sie parallel den Umrissen eventueller Profilleisten.
d) Lavieren Sie beide Lasuren, indem Sie die Übergänge stupfen. Schließen Sie die Arbeit mit sauberem Wischen auf den Reliefs und den Kanten ab. (Letzteres ist in den gezeigten flachen Beispielen auf Seite 29 nicht enthalten.)

Einige Anmerkungen:
- Für jede Lasur benötigt man einen gesonderten Satz Pinsel und Gefäße.
- Die Hauptgefahr beim abschließenden Stupfen besteht darin, daß man dunklere Farbe auf die hellen Stellen überträgt. Deshalb muß das eine Ende der Stupfbürste ausschließlich für die helleren Übergänge und das andere ausschließlich für die dunkleren Stellen reserviert bleiben.
- Säubern Sie während des Stupfens von Zeit zu Zeit die Spitzen des Haarkörpers mit einem trockenen Tuch.

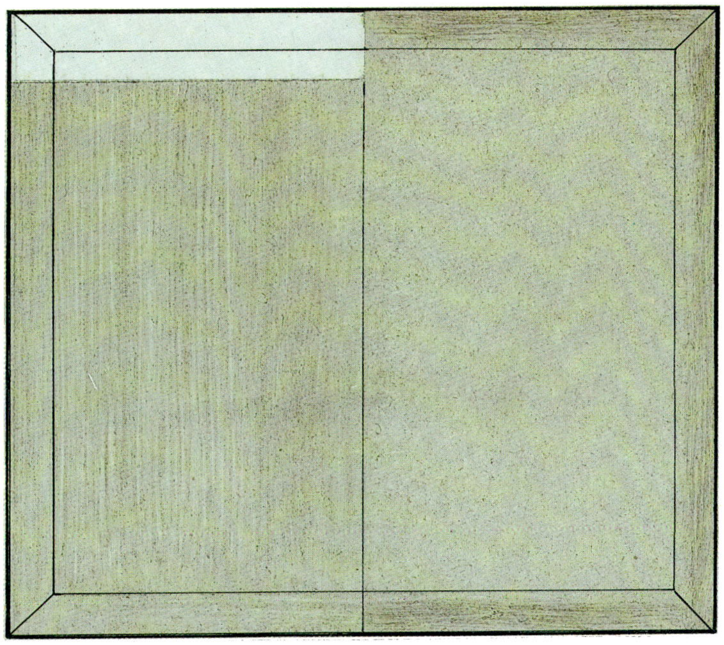

a. Auftragen der hellen Lasur

b. Stupfen

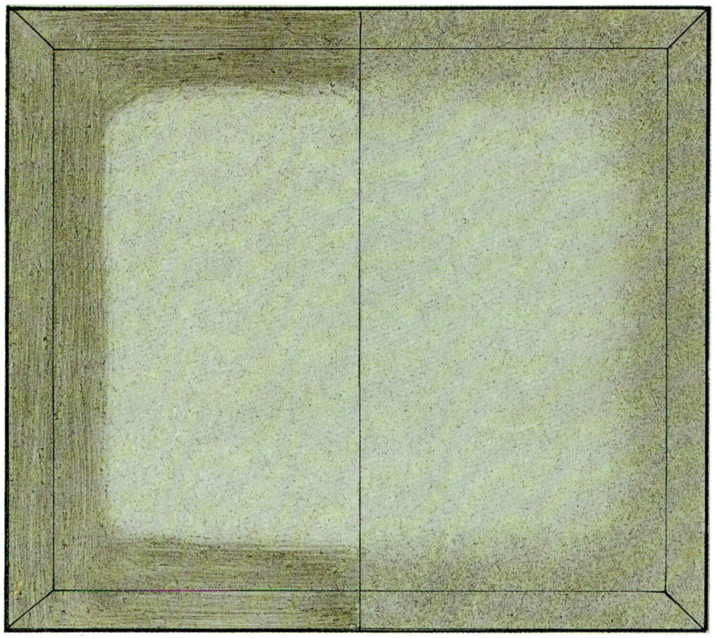

c. Auftragen der dunklen Lasur

d. Stupfen der Begrenzungen

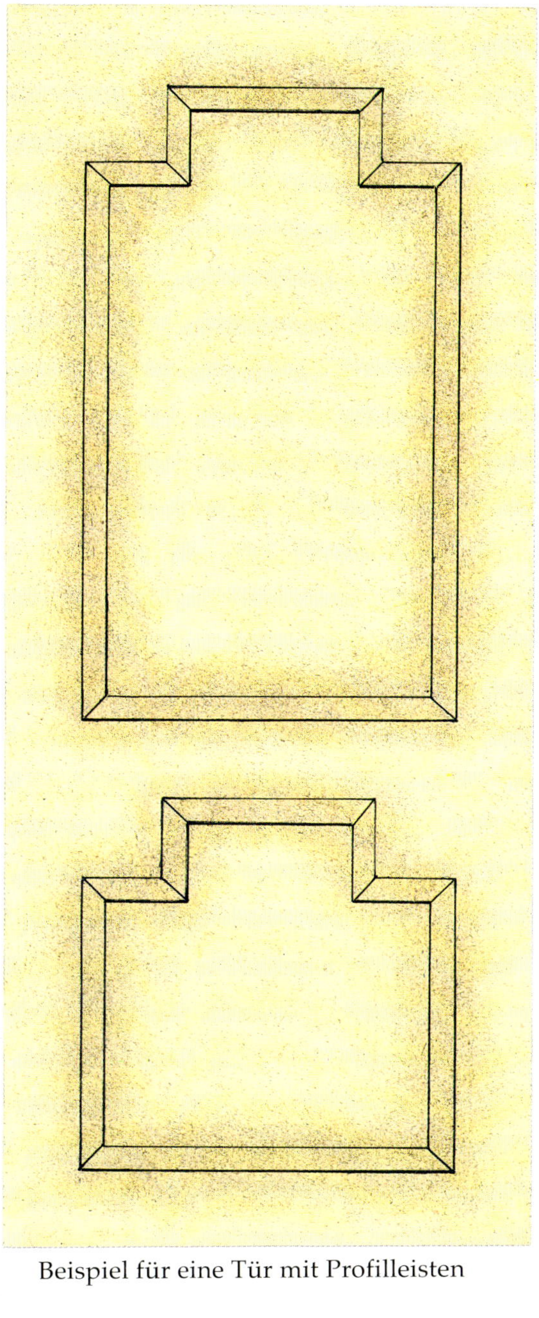

Beispiel für eine Tür mit Profilleisten

Beispiel für eine Säule

Alterungspatina mit zwei Lasuren – Varianten

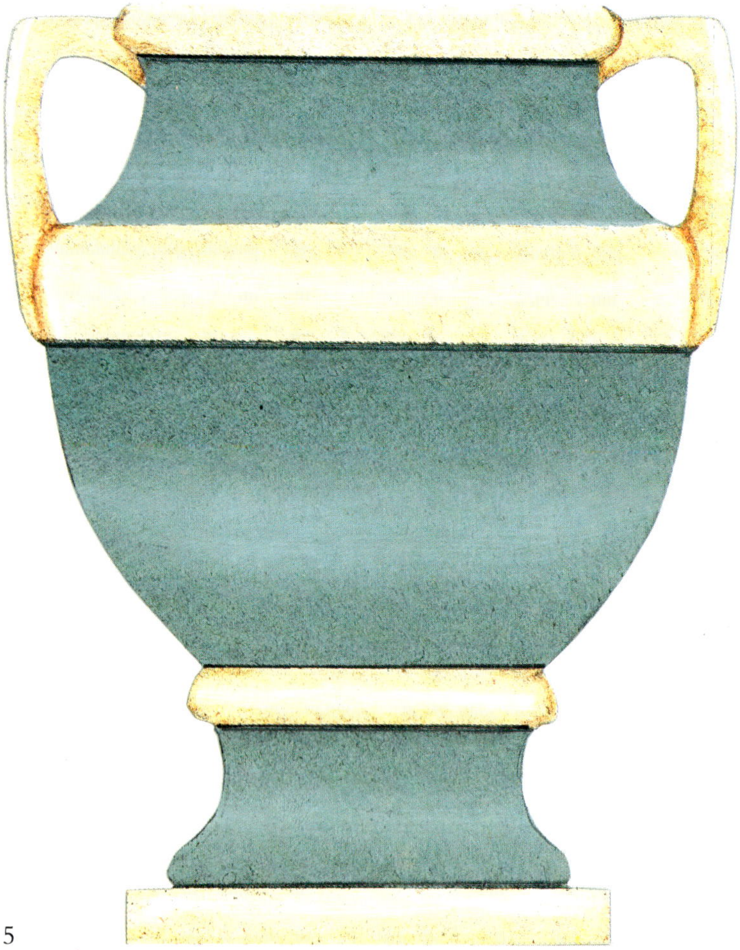

5

Durch Variieren des Tons für den Untergrund und die Lasur kann man unterschiedliche Farbwirkungen erzielen und so gewisse Teile hervorheben (5).

Beispiel 1:
Die Töne des Grunds (aus derselben Farbenskala) variieren in ihrem Helligkeitsgrad. Die Lasur ist für das gesamte Teil die gleiche.

Beispiel 2:
Der Grund bleibt für das ganze Teil gleich. Die Lasuren variieren.

Beispiel 3:
Der eintönige Grund wird an den erhabenen Stellen mit Weiß betont. Die Lasur bleibt für das ganze Teil gleich.

Beispiel 4:
Die Töne für den Untergrund sind verschieden. Die Lasuren sind der jeweiligen Farbe des Grunds angepaßt und daher ebenfalls verschieden.

Ein Hinweis:
Durch sehr sauberes Wischen der Lasur auf den Profilleisten entstehen je nach Untergrund feine weiße oder farbige Linien (Abb. 3).

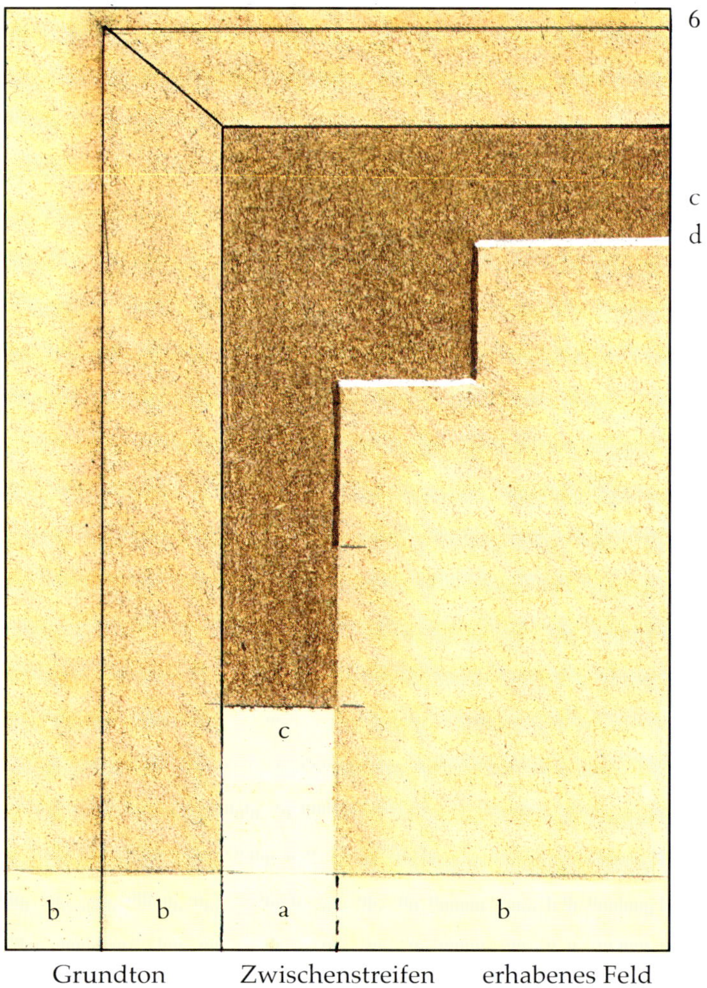

6

Beispiel 5, 6:
Imitation eines hervorgehobenen Feldes innerhalb einer Tafel durch schattierte Lasuren.

a) Zeichnen Sie mit feinen Strichen die Umrisse des hervorzuhebenden Feldes im Innern der Tafel.
b) Überziehen Sie das ganze Element mit einer normalen Patina, auch die schattigen Stellen der Profile. Sparen Sie nur den geraden Streifen zwischen den Profilen und den Umrissen aus. Die Begrenzungen können mit Klebeband abgedeckt werden.
c) Nach dem Trocknen der Patina tragen Sie etwas dunklere Lasurfarbe auf diesen Streifen auf.
Stupfen Sie ihn, ohne den Rand zu überschreiten.
d) Legen Sie zum Abschluß Glanzlichter und Schatten an, um Relief zu erhalten und die ursprüngliche Zeichnung sauber an den Nahtstellen zwischen den beiden Lasuren zu begrenzen.

Einige Anmerkungen:
- Durch Rücknahme der feinen Streifen an der Außenseite entsteht der Eindruck von abgerundeten Kanten.
- Auch erhabene Felder mit geschweiften Umrissen lassen sich darstellen.

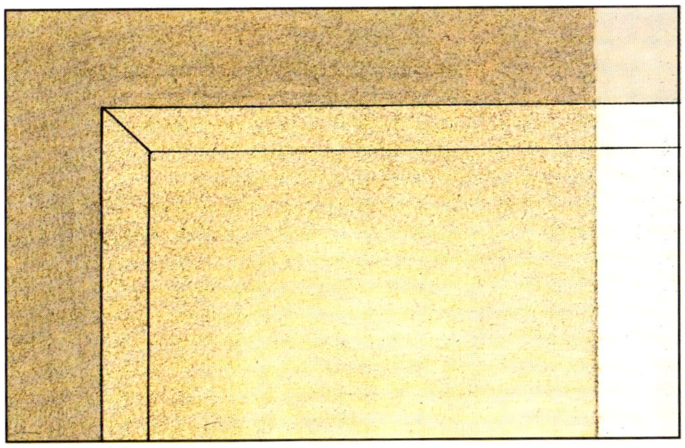

1

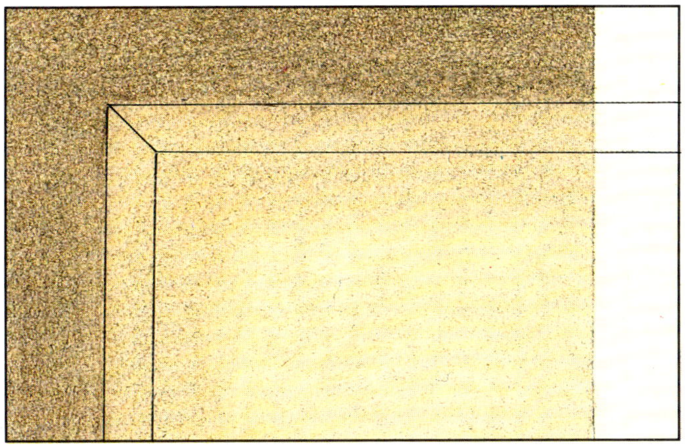

2

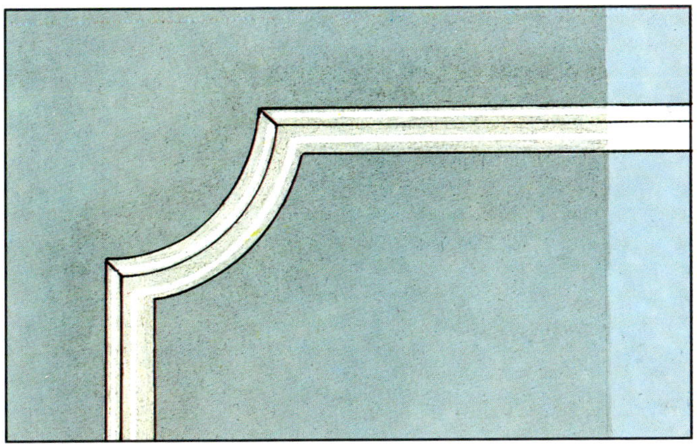

3

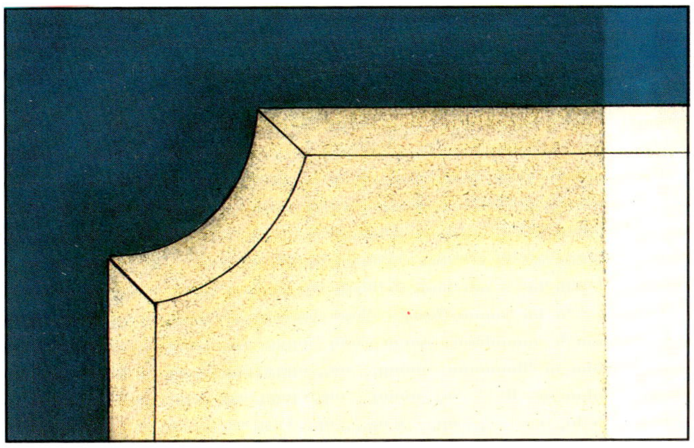

4

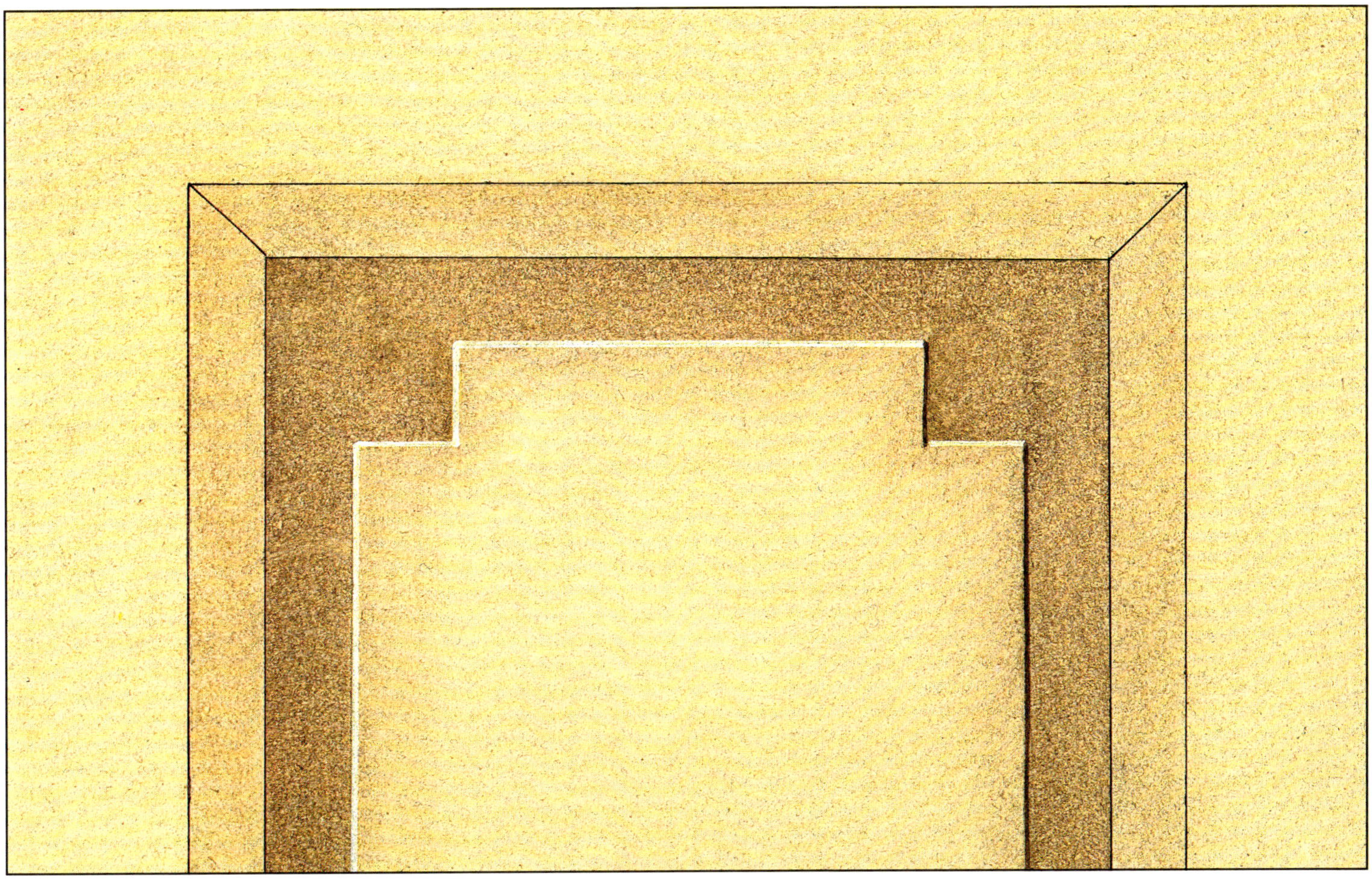

6

Imitiertes erhabenes Feld

Wachspatina

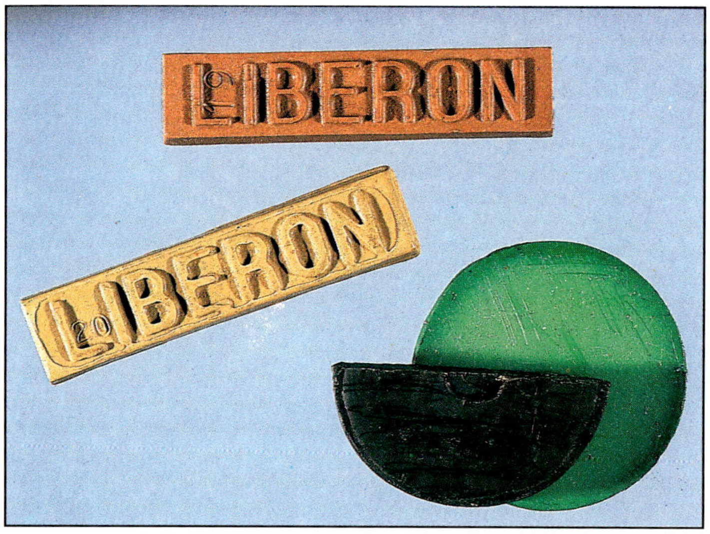

Zur Verwendung kommen handelsübliche Wachsstäbchen und selbstgefertigte Rondelle

Diese Arbeit ähnelt dem Granieren. Sie erfolgt, indem man mit farbigem Wachs über eine gemalte Fläche reibt. Dabei sind zwei Erscheinungsbilder möglich: graniert, wenn die zuvor gemalte Fläche gut mit einem Malerpinsel verschlichtet wurde, und pointilliert, wenn der Untergrund mit einer Rolle angelegt oder gestupft wurde.

Herstellung von Wachsplatten
Schneiden Sie den Boden aus einer kleinen Konservendose, und behalten Sie nur den Zylinder. Reiben Sie diesen innen mit Kernseife ein. Stellen Sie die Form auf eine glatte Fläche (Glas oder Metall), und kleben Sie sie an der Unterkante mit Glaserkitt fest.
Brechen Sie einen weißen Wachsblock in kleine Stücke (wird als runde Scheibe geliefert).
Geben Sie die Stücke in ein Metallgefäß, und erhitzen Sie das Wachs in einem Wasserbad.
Schütten Sie gleichzeitig etwas Wachs und Farbpigmente in die Form, und mischen Sie beides mit einem kleinen Rührholz durch. Bei dieser Arbeit sollte man sich möglichst helfen lassen.
Nach ein bis zwei Stunden kann das gefärbte Wachsrondell aus der Form genommen werden.

1

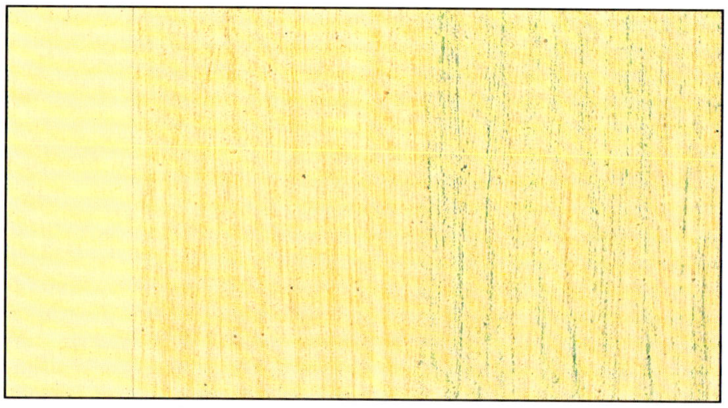

Glatter Untergrund   Eine Granierung   Mehrere Granierungen

Granierte Patina (1):
Granieren Sie die Gegenstände mit dem flach aufliegenden Wachsrondell in Strichrichtung.
Für diese Arbeit sollte der Untergrund aus matter Acryl- oder Vinylfarbe bestehen (oder aus einer der üblichen matten Alkydharzfarben).

Pointillierte Patina (2):
Ziehen Sie das flache Wachsrondell vorsichtig über die Spitzen der gestupften Schicht, so daß winzige Farbpunkte entstehen.

2

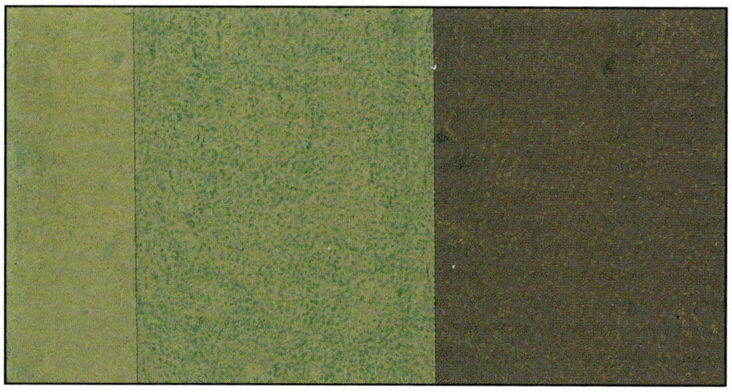

Untergrund   Gefärbtes Wachs   Metallisiertes Wachs (Gold)

Anmerkung:
Im Handel sind farbige Wachsstäbchen erhältlich, deren Skala allerdings begrenzt ist. Möchte man auf der Wachspatina weiterarbeiten (z.B. eine Farblasur anlegen, um ein erhabenes Feld zu imitieren etc.), muß diese zuvor mit einem auf Wachs haftenden Lack überzogen werden.

Holztafel mit Profilleiste und granierter Wachspatina sowie imitiertem vertieftem Streifen und nuanciertem Ornament mit Hilfe einer Schablone

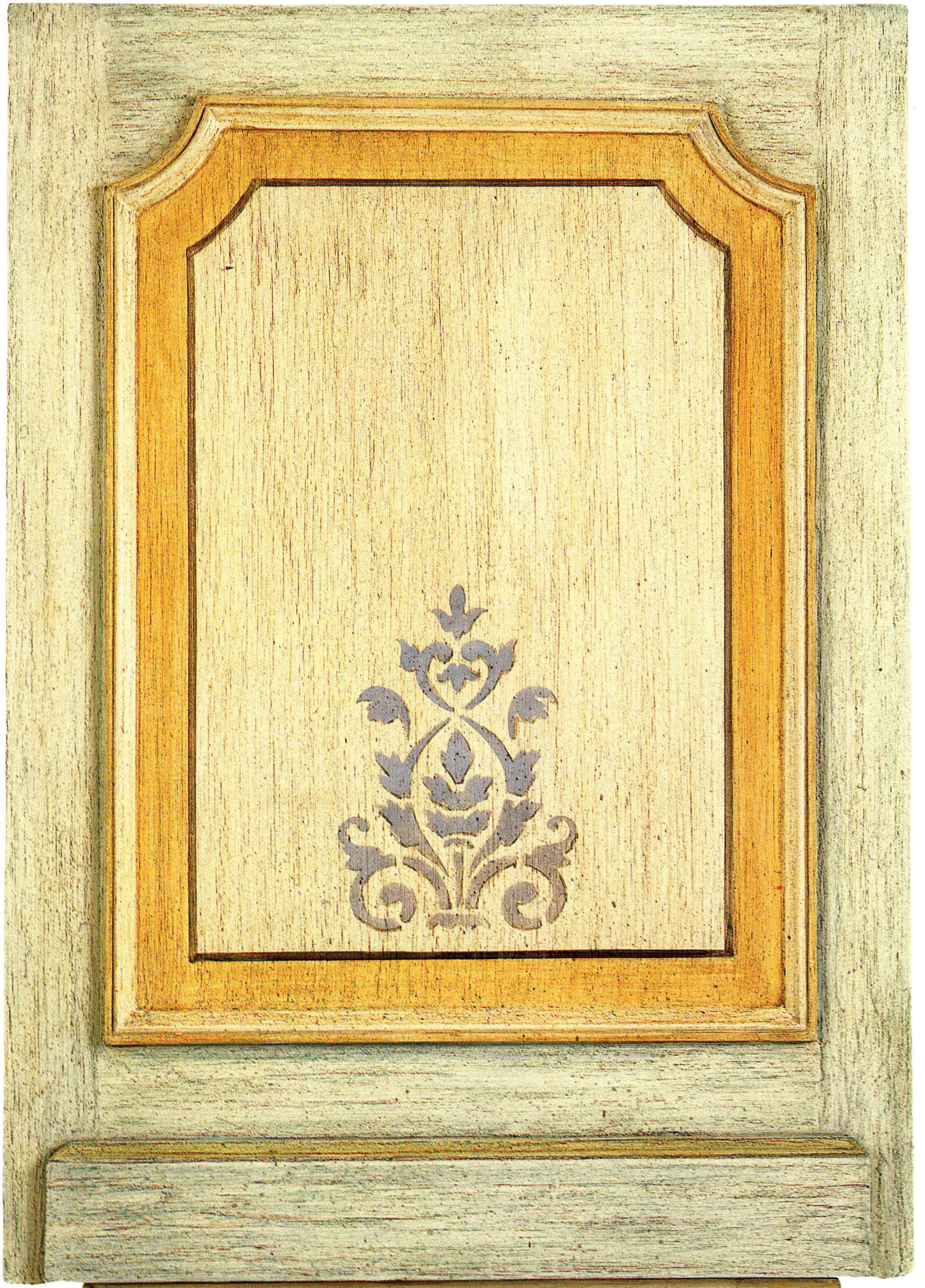

Antike Patina

Aufgabe der antiken Patina ist es, für ein edles, altes Aussehen mit Gebrauchsspuren zu sorgen, eben den Gegenstand künstlich altern zu lassen. Mit den folgenden Techniken gelingt dies. Die Techniken können auch miteinander kombiniert werden. Das Verfahren wird vor allem für Möbel, Holzartikel, getäfelte Wände, ältere Gegenstände etc. verwendet.

Gestupft und verstaubt:
Tragen Sie eine dunklere Lasur auf, und halten Sie diese in den Vertiefungen und auf den Profilleisten etwas stärker. Stupfen Sie die Lasur, um ein feines Korn zu erhalten. Bevor die Schicht vollständig getrocknet ist, kann man etwas graues Farbpulver darüber blasen oder pudern.
Pigmente für diese Mischung: Zinkweiß, Umbra natur, Schwarz.

Streifige Gebrauchsspuren:
Tragen Sie wie zuvor mit dem Malerpinsel ziemlich kraftvoll eine Lasur auf.
Durchziehen Sie die Lasur mit dem Flächenstreicher oder mit Sackleinen. Schleifen Sie das Relief und die Kanten nach dem Trocknen mit Schmirgelpapier oder feiner Stahlwolle. Kontrollieren Sie die Farbabnahme aufmerksam.

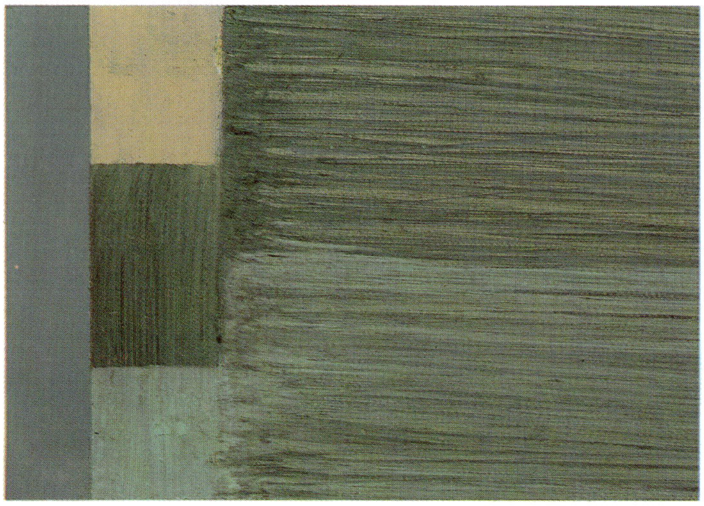

Kratzspuren:
Legen Sie nacheinander zwei oder drei Lasuren aus unterschiedlichen Farben auf den gemalten Untergrund. Lassen Sie die einzelnen Schichten jeweils trocknen.
Verwenden Sie nach Möglichkeit Kaseinfarben (in Dosen), die man in Künstlerbedarfsgeschäften erhält. Zerkratzen Sie die Farben anschließend mit einer Drahtbürste, einem Metallschwamm oder einem anderen geeigneten Werkzeug. Arbeiten Sie solange, bis Sie die gewünschte Wirkung erzielt haben. Erledigen Sie das abschließende Polieren mit einem Woll- oder Wildledertuch.

Anmerkung:
Beachten Sie beim Abtönen der Lasuren denselben Grundsatz wie bei der Alterungspatina. Manchmal ist es angezeigt, zum Abschluß einige Spritzer Casslerbraun als Flecken einzufügen.

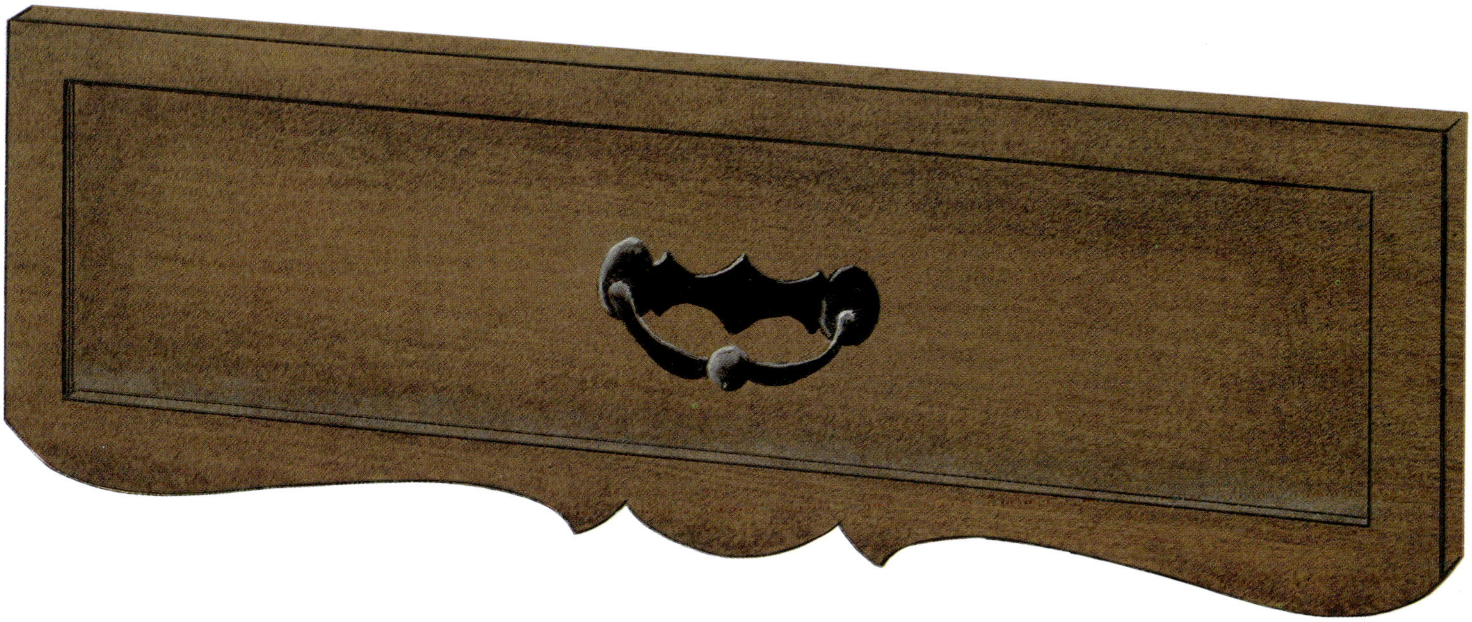

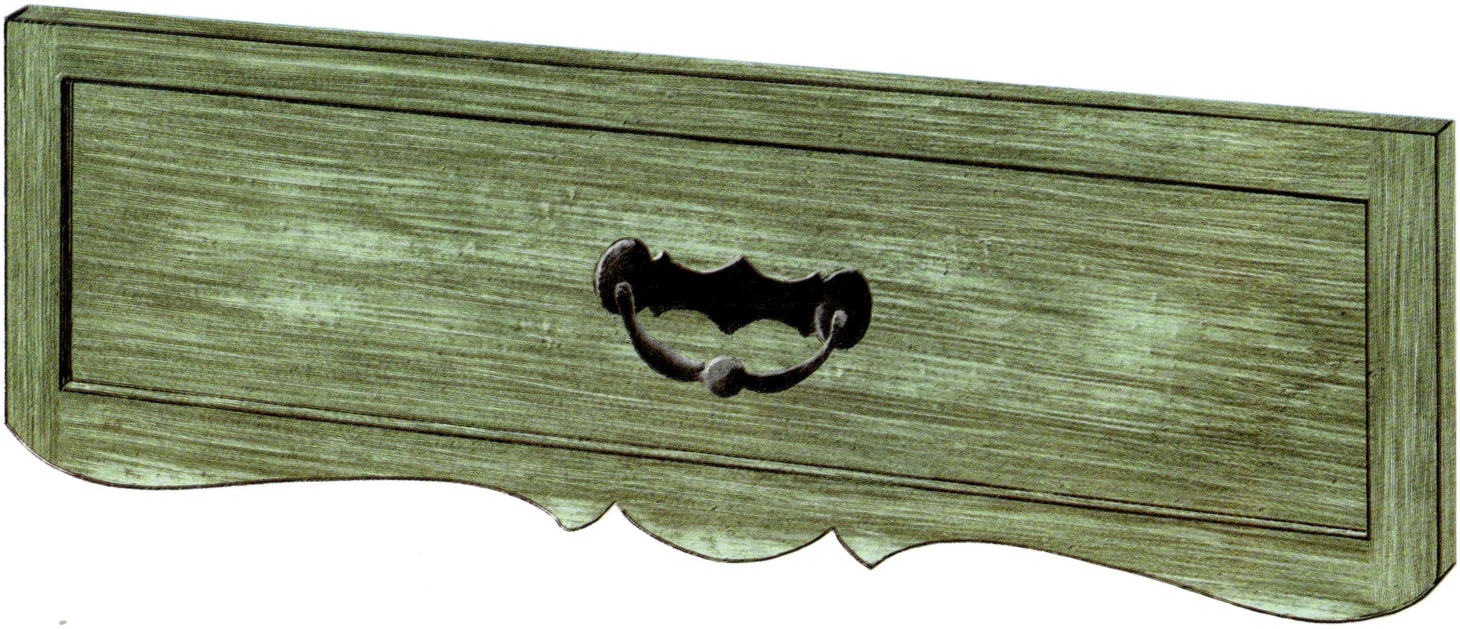

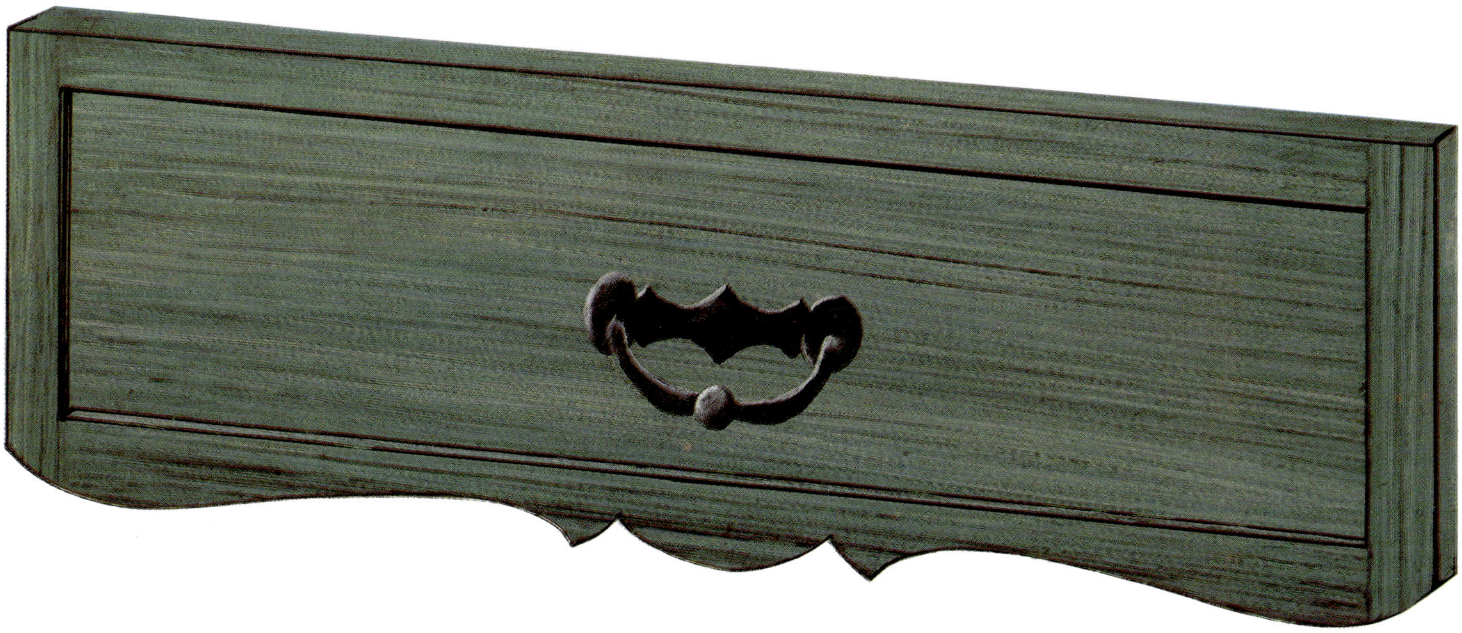

Antike Patina (Fortsetzung)

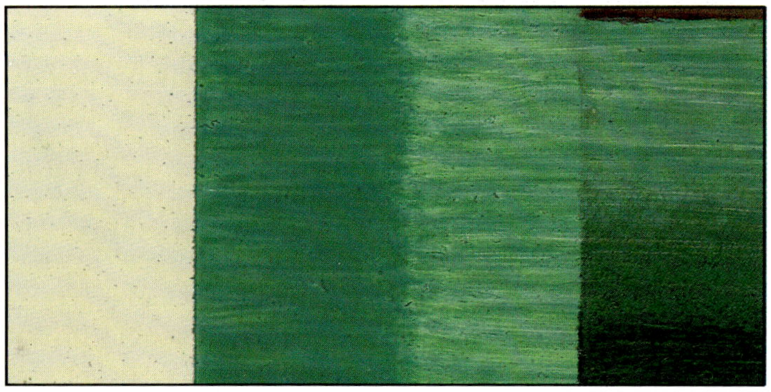

1

Schwieriger und nicht ganz so üblich ist es, größere Mauerwerkflächen oder Holzvertäfelungen künstlich kräftig altern zu lassen. Die traditionellen Patinierungstechniken reichen dafür jedoch völlig aus.
Die folgenden Beispiele zeigen, wie man die Rahmen von Holztafeln, Profilleisten und Schnitzereien hervorhebt.

Beispiel 1:
Streichen Sie den Untergrund in einem mittleren oder helleren gebrochenen Ton (hier aus Weiß, Oxidgelb, Umbra natur und einer Spur Rot).
Überziehen Sie den Grund mit ziemlich flüssiger Farbe (hier intensives Grün). Reiben Sie kräftig mit einem Jutetuch oder einem sonstigen groben Lappen über das Relief.
Tragen Sie eine dunkle Lasur mit einem Modler in die Vertiefungen der Leisten etc. Stupfen Sie diese anschließend je nach Umfang der Arbeit mit einem Schablonierpinsel oder einem runden Malerpinsel.
Zum Abschluß können Sie einen schmalen Streifen aus einem deckenderen gebrochenen Ton einziehen.

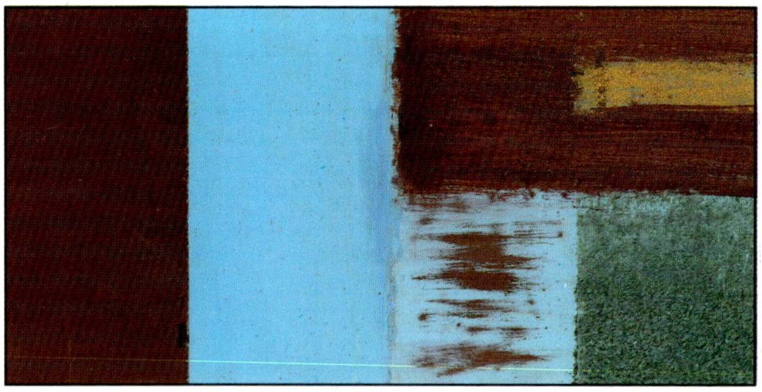

2

Beispiel 2:
Streichen Sie den Grund mit Marsrot oder Oxidrot mit einer Spur Chromorange.
Überziehen Sie die gesamte Fläche mit einer deckenderen Farbe (hier Blauton), und versehen Sie diese mit einer Alterungspatina. Schleifen Sie den roten Grund auf den Kanten und dem Relief mit Schmirgelpapier wieder durch. Dasselbe Ergebnis erhält man, wenn man die zweite deckende Schicht teilweise wieder abwischt. Beenden Sie die Arbeit mit etwas Goldbronze auf dem Relief.

3

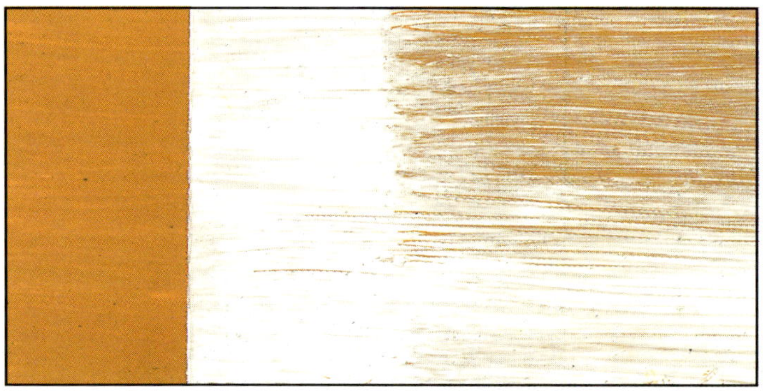

Beispiel 3:
Um einen ausgewaschenen Eindruck zu erzielen, legt man im Gegensatz zu Beispiel 1 sehr helle Farbe auf einen dunkleren Grund. Streichen Sie diesen aus sehr satter Farbe (hier Oxidgelb, Umbra natur und etwas Weiß). Überziehen Sie ihn mit einer ziemlich flüssigen hellen Farbe. Wischen Sie anschließend das Relief und die Mitte der gleichmäßigen Fläche. Tragen Sie zum Abschluß stellenweise Alterungspatina in die Vertiefungen der Leisten etc., und stupfen Sie diese.

Anmerkung:
In allen Fällen kann man zum Abschluß Krakelüren imitieren, indem man einen gebrauchsfertigen Speziallack dafür aufträgt.

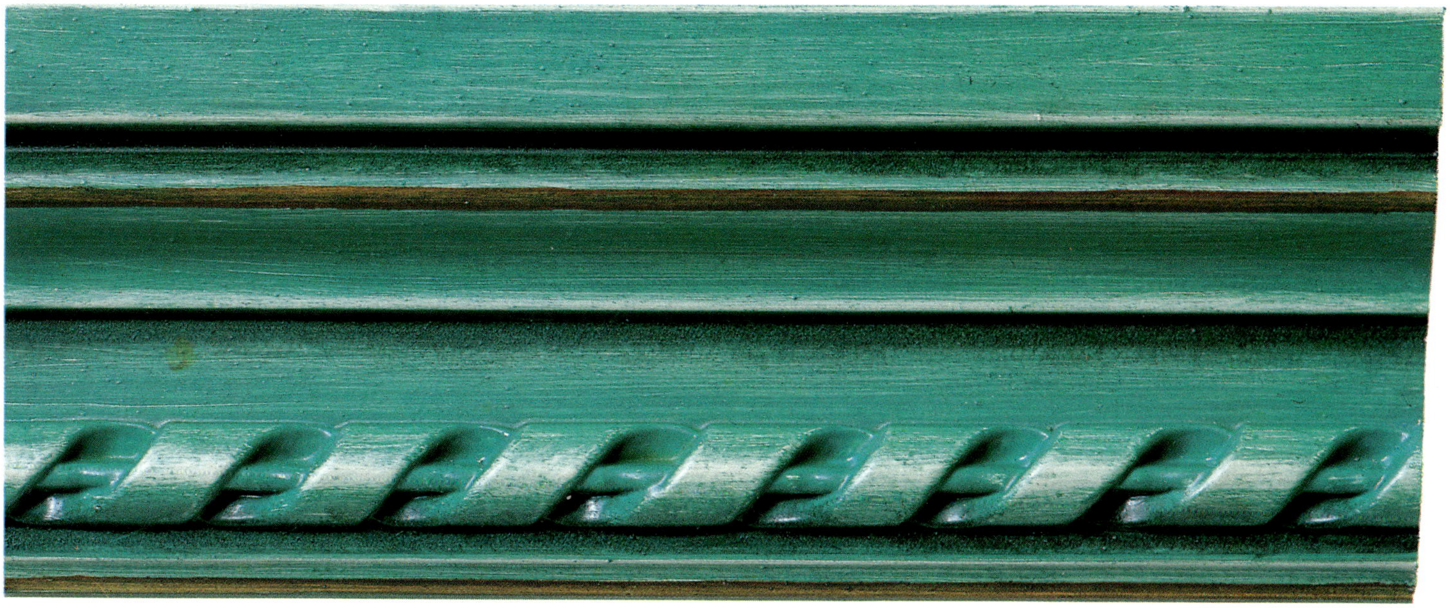

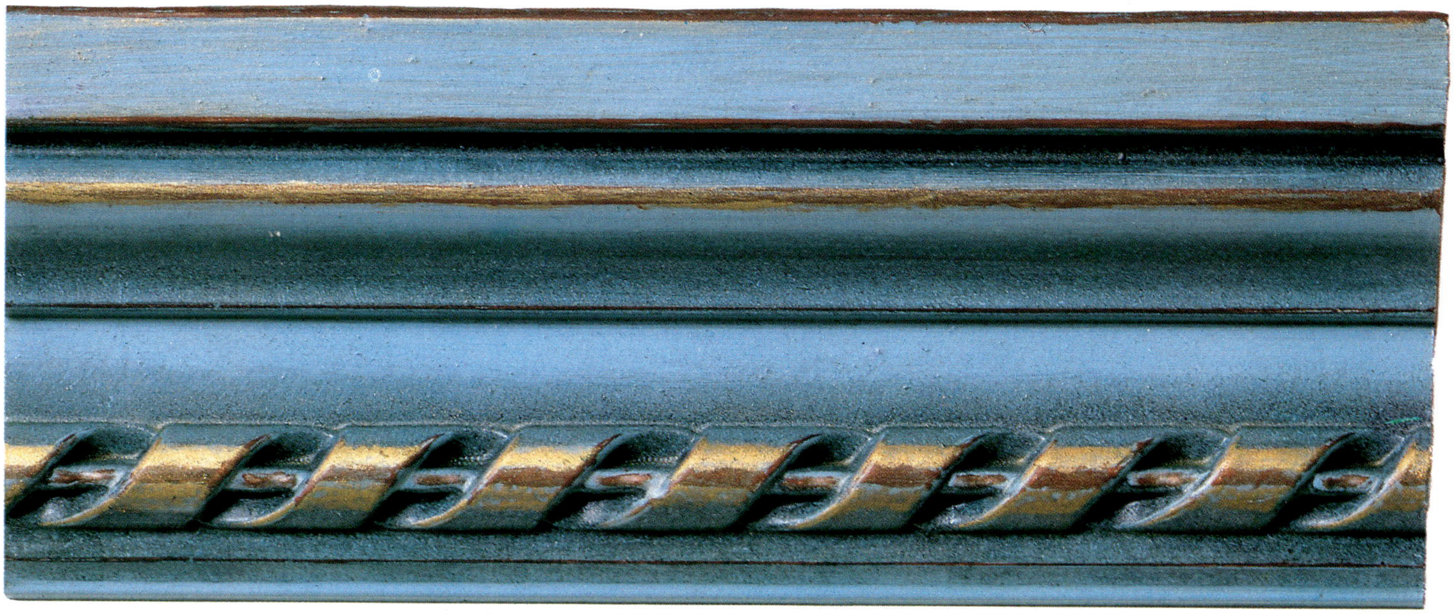

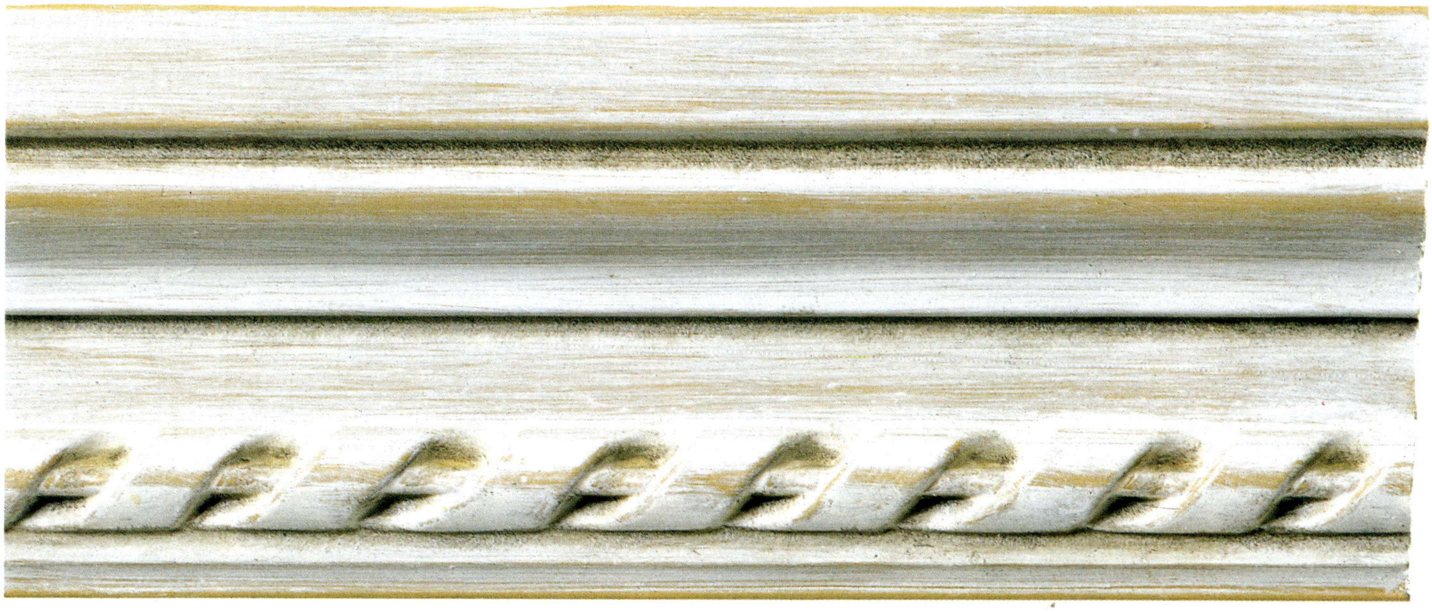

Dekorative Patina

Diese Patina entsteht, indem man eine Lasur auf einen andersfarbigen Untergrund aufträgt, so daß aufgrund der Transparenz eine dekorative Wirkung entsteht. Meistens verwendet man dafür lebhafte Farben oder klare Töne.

1

2

3

4

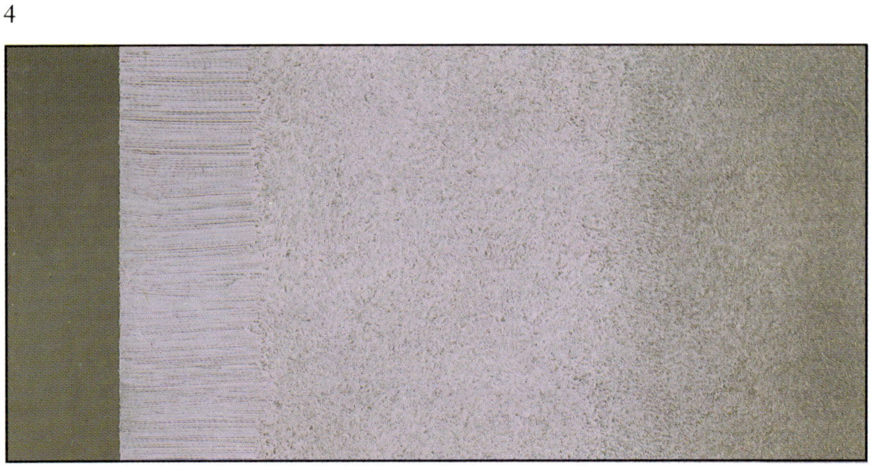

Grundprinzip
Tragen Sie die Lasur absolut gleichmäßig auf. Stupfen Sie die Schicht mit einem Patinierpinsel, so daß ein regelmäßiges Korn entsteht.

Beispiele: Je nach gewünschter Harmonie kann der Grund aus folgenden Farben bestehen:

1. Weiß.

2. Sehr helle Tönen.
Um farbigere Flächen zu erhalten, kann man gewisse Stellen – zum Beispiel das Umfeld hervorzuhebender Füllungen – stärker mit der Lasur überziehen, die nur wenig gestupft werden darf.

3. Lebhafte Farben.

4. Sehr dunkle Töne.
In diesem Fall entsteht die dekorative Wirkung häufig mit Hilfe einer hellen Lasur als Gegensatz zu dem dunklen Untergrund. Sehr helle Lasuren auf einem stark farbigen Grund bilden auch die Grundlage für zahlreiche weitere Effekte (siehe „Antike Patina", „Gebrauchsspuren" etc.).

5. Bei der Anlage von zwei oder drei Farblasuren in präzisen waagerechten Streifen läßt sich durch Stupfen oder Lavieren ein sanfter Farbwechsel an den Übergängen erzielen.

Anmerkung:
Verdünnte deckende Farbe kann die klassische Lasurfarbe ersetzen. Man muß jedoch beachten, daß sie unter Umständen schneller trocknet als Öllasur.

2

3

4

5

Dekorative Patina mit dem Schwamm

Für diese Patina überstupft man die Lasur gleichmäßig mit einem Schwamm oder zieht diesen je nach gewünschter Struktur hindurch. Entsprechend der Führung und dem ausgeübten Druck erhält man unterschiedliche Effekte.

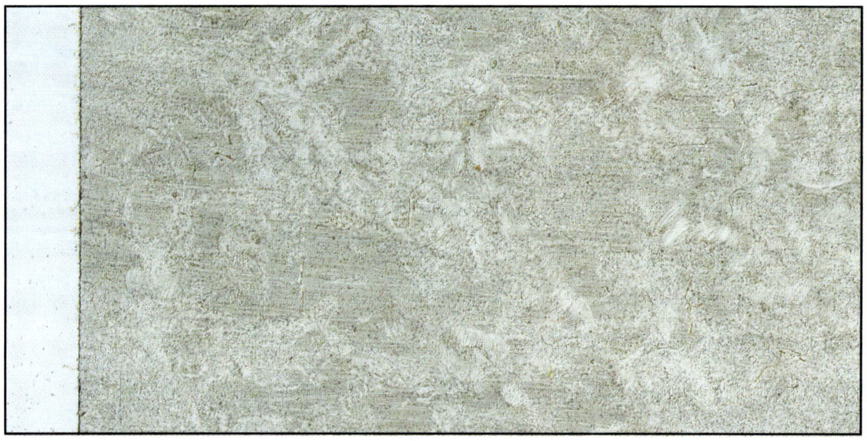

1 Ton in Ton

Gestupfte Patina (1, 2):
Überziehen Sie die Fläche vollständig mit der Lasur.
Stupfen Sie die Schicht gleichmäßig mit einem angefeuchteten Naturschwamm. Die Strukturen fallen in einer Lasur auf Wasserbasis ausgeprägter aus als in einer Öllasur.
Behalten Sie stets dieselbe über die Fläche führende Bewegung bei, und wechseln Sie nicht die Seite des Schwamms.
Arbeiten Sie je nach Größe der Fläche zügig, bevor die Lasur anzuziehen beginnt.

2 Entgegengesetzte Töne

Varianten:
Markantere Wirkung durch Anlage einer intensiveren Lasur (3) (stärker mit Pigmenten angereichert).
Gestupfte Wirkung durch Verwendung eines flachen Fiberschwamms (4).

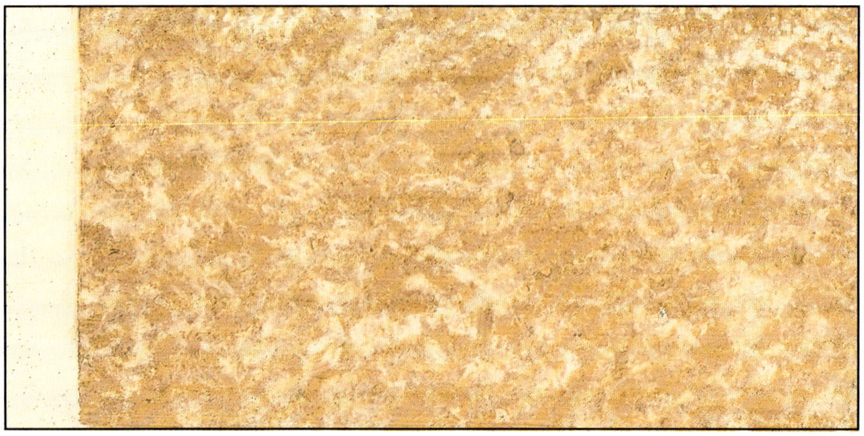

3 Mit intensiverer Lasur

Einige Anmerkungen:
- Die gestupfte Patina wirkt sehr zart und duftig, vor allem wenn der Lasurton dem des Untergrunds ähnelt.
- Vinyl- und Acrylfarben eignen sich sehr gut für die Bearbeitung mit dem Schwamm.

4

Mit Fiberschwamm gestupft

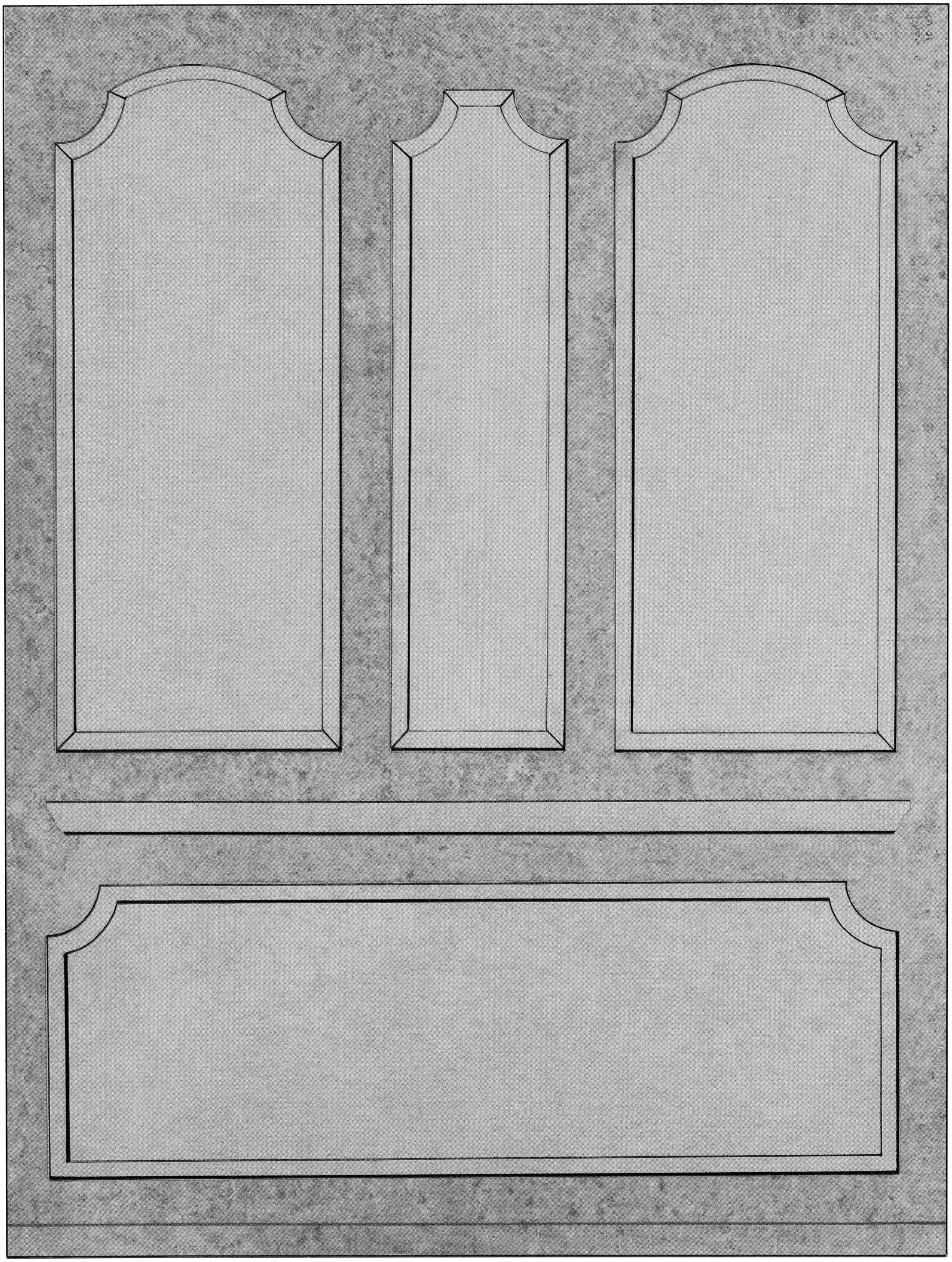

Dekorative Patina mit einem Tuch

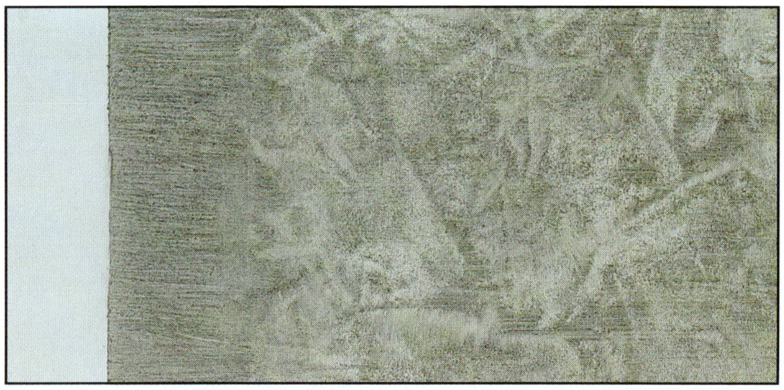

1

Bei dieser Methode streicht man mit einem zerknüllten Tuch über die frisch aufgetragene Lasur. Dadurch wird Farbe abgehoben, und der Ton des Untergrunds taucht wieder auf.
Je nach Webart des Tuches sowie des mehr oder weniger starken Drucks erhält man unterschiedliche Effekte.

Grundprinzip (1):
Tragen Sie eine farbige Lasur auf, die normalerweise dem Ton des Untergrunds ähneln sollte.
Legen Sie das zylindrisch gerollte Tuch auf den oberen Abschnitt, und rollen Sie es mit den Fingerspitzen beider Hände in kurvigen Bewegungen abwärts. Verwenden Sie für alle Abschnitte dasselbe Tuch.

2

Haltung der Hände beim Rollen

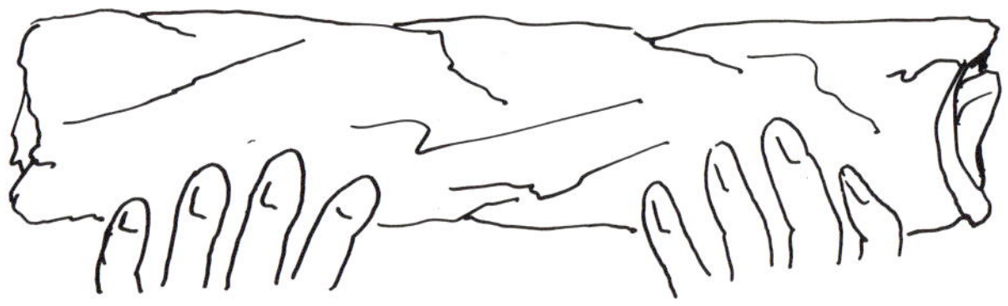

Markante Wirkung (2):
Sie entsteht durch stärkeren Druck.

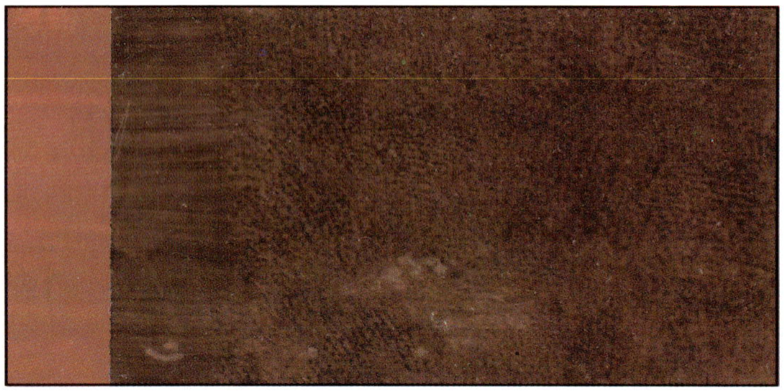

3

Gestupfte Wirkung (3):
Durch Stupfen mit einem weichen Tuch (in Form eines kleinen Ballens) entsteht ein sehr feines Korn.

4

Wildlederähnliche Wirkung (4):
Verwenden Sie ein stark strukturiertes Tuch, so daß markante faltige Strukturen entstehen. (Die Nuance der Tafel auf Seite 43 rechts unten entspricht etwa der von Wildleder.)

Einige Anmerkungen:
- Bei Verwendung von Lasurfarbe auf Wasserbasis kann man das Tuch anfeuchten.
- Auch durch Schlagen oder Stupfen der Lasur mit einem angefeuchteten Chevreauxleder entstehen interessante Wirkungen.

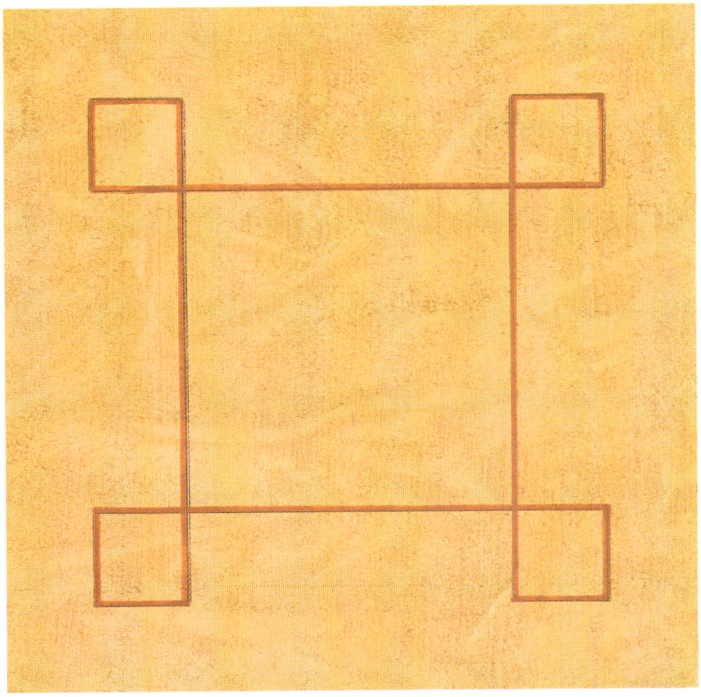
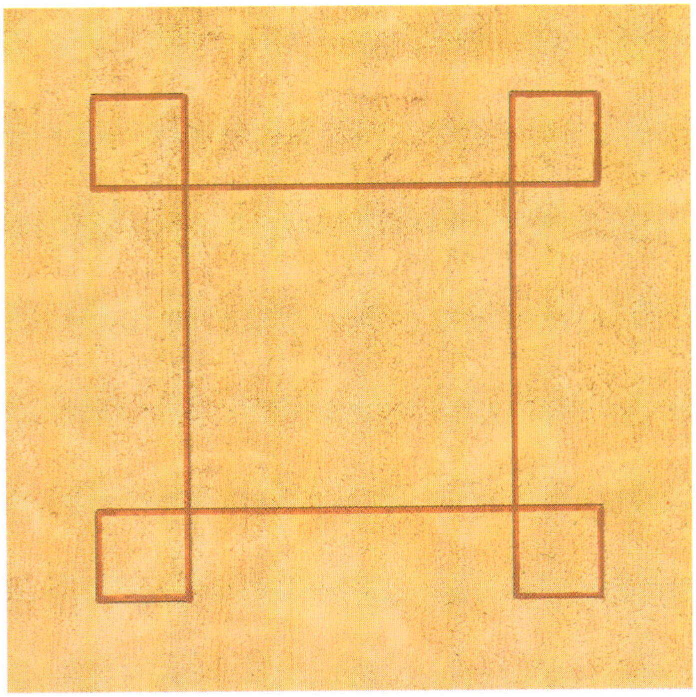
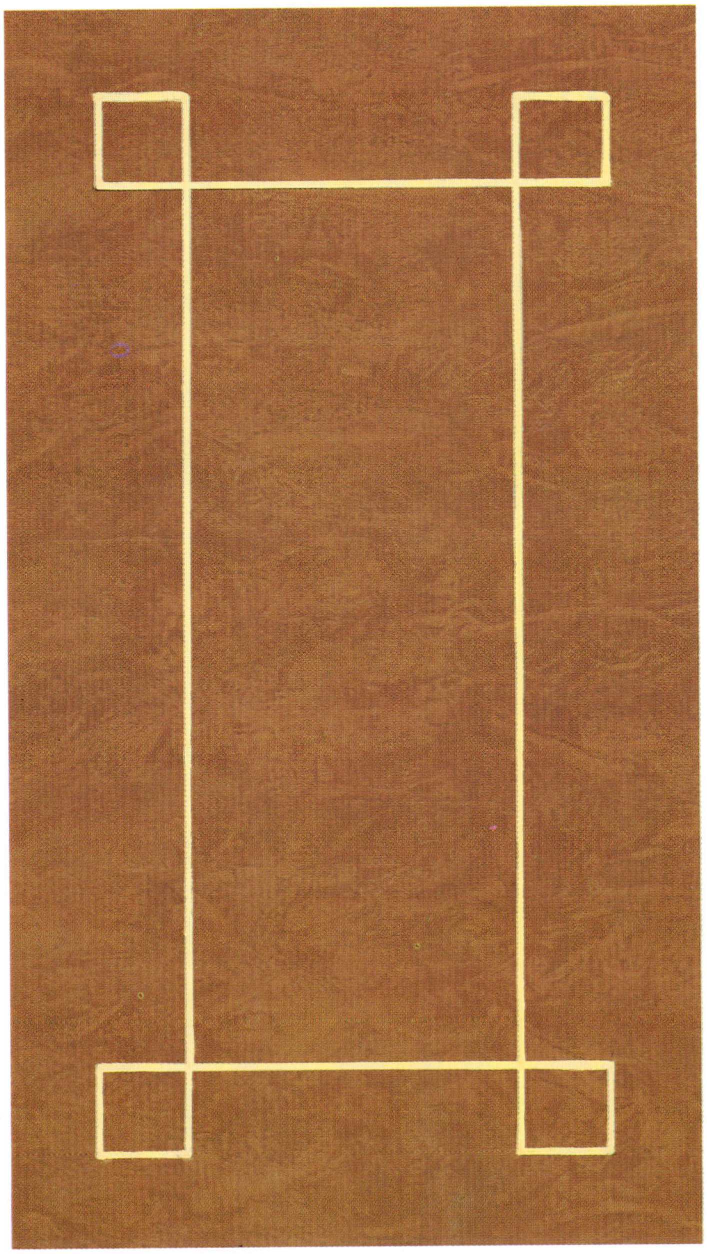
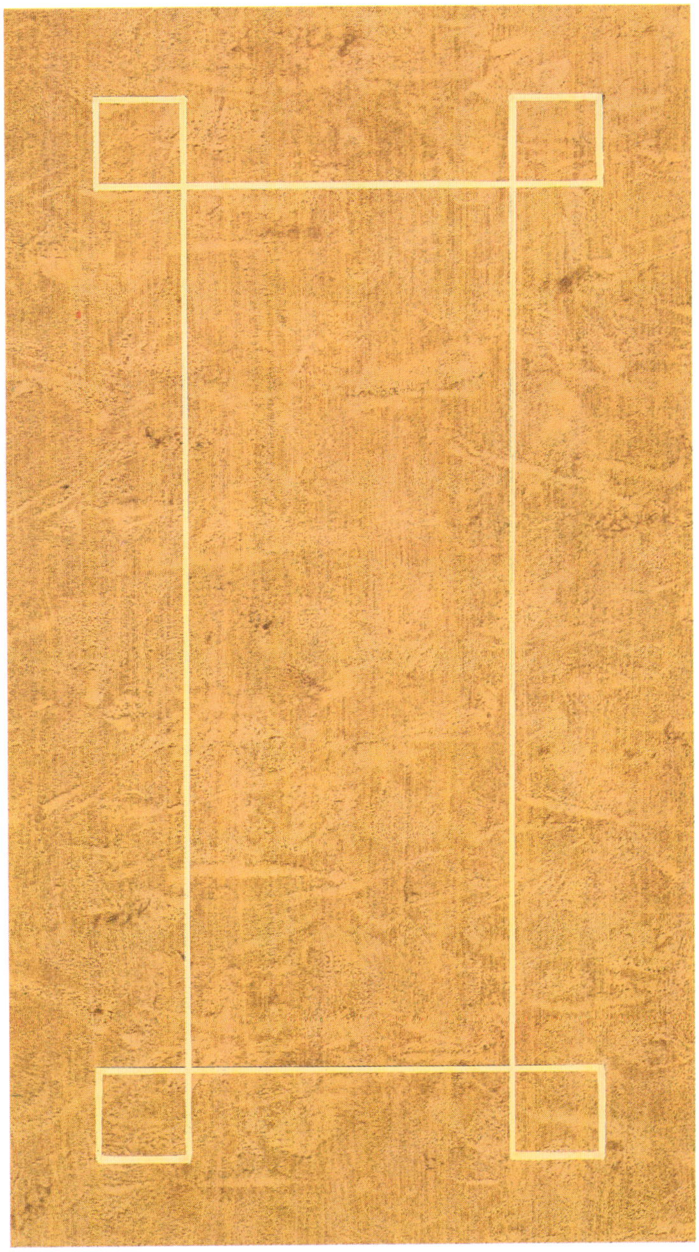

Dekorative wolkige Patina

Ein wolkiger Effekt entsteht mit Hilfe heller und dunkler Farbschichten. Ein befriedigendes Ergebnis ergibt sich aus dem abschließenden Stupfen. Verwendet man Blautöne, kann man die Charakteristik des Himmels nachahmen.

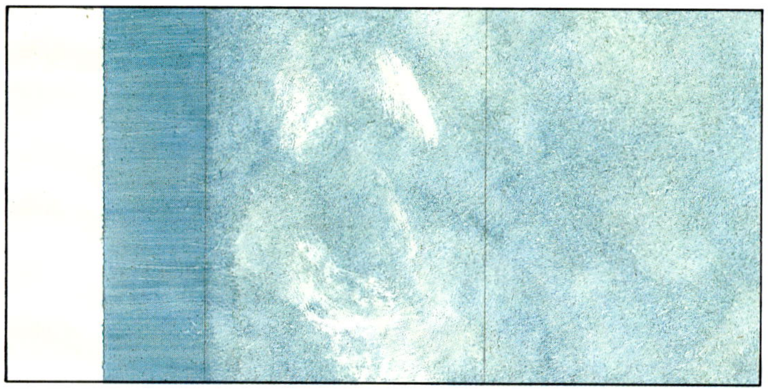

1

Himmel (1):
Tragen Sie eine gleichmäßige blaue Lasur auf den zuvor angelegten weißen Grund.
Wischen Sie die Lasur stellenweise flächenförmig mit einem Tuch wieder ab.
Stupfen Sie die gesamte Fläche mit einem Patinierpinsel.

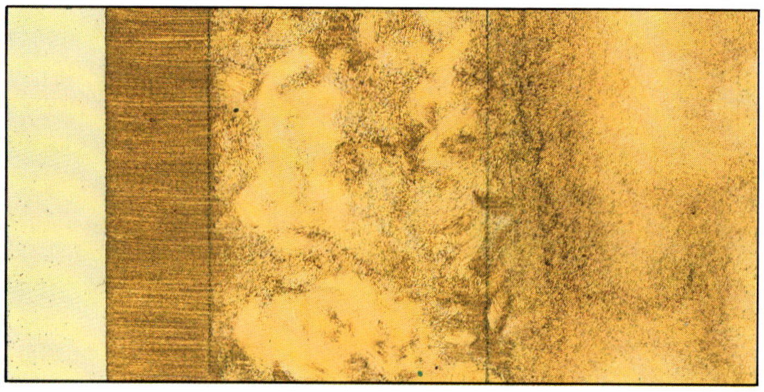

2

Wolkige Wirkung mit einer Lasur (2):
Tragen Sie eine farbige Lasur auf (normalerweise in einem ähnlichen Ton wie der Grund). Heben Sie die Farbe gleichmäßig über die Fläche verteilt mit einem Tuch wieder ab.
Stupfen Sie die gesamte Fläche mit einem Patinierpinsel oder einer Stupfbürste.

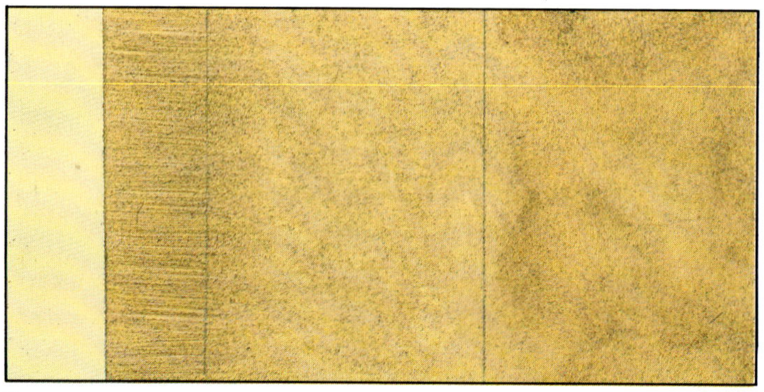

3

Wolkige Wirkung mit zwei Lasuren (3):
Legen Sie eine farbige Lasur in einem Ton ähnlich dem Grund an. Stupfen Sie die gesamte Fläche. Überziehen Sie die erste Lasur stellenweise mit einer zweiten farbigeren Lasur. Stupfen Sie die frisch lasierten Teilflächen.

Wolkige Wirkung mit heller Lasur (4):
Tragen Sie eine hellere, oft Weiß enthaltende Lasur auf den dunkleren Grund. Arbeiten Sie weiter, wie unter (2) angegeben.

4

Anmerkung:
Während des Stupfens lassen sich mit dem Tuch noch Veränderungen der Strukturen anbringen. Betrachten Sie Ihre Arbeit daher zwischendurch aus einem gewissen Abstand.

Wolkige Wirkung innerhalb einer ovalen Deckenfüllung

Mehrfarbige wolkige Wirkung als Farbmuster

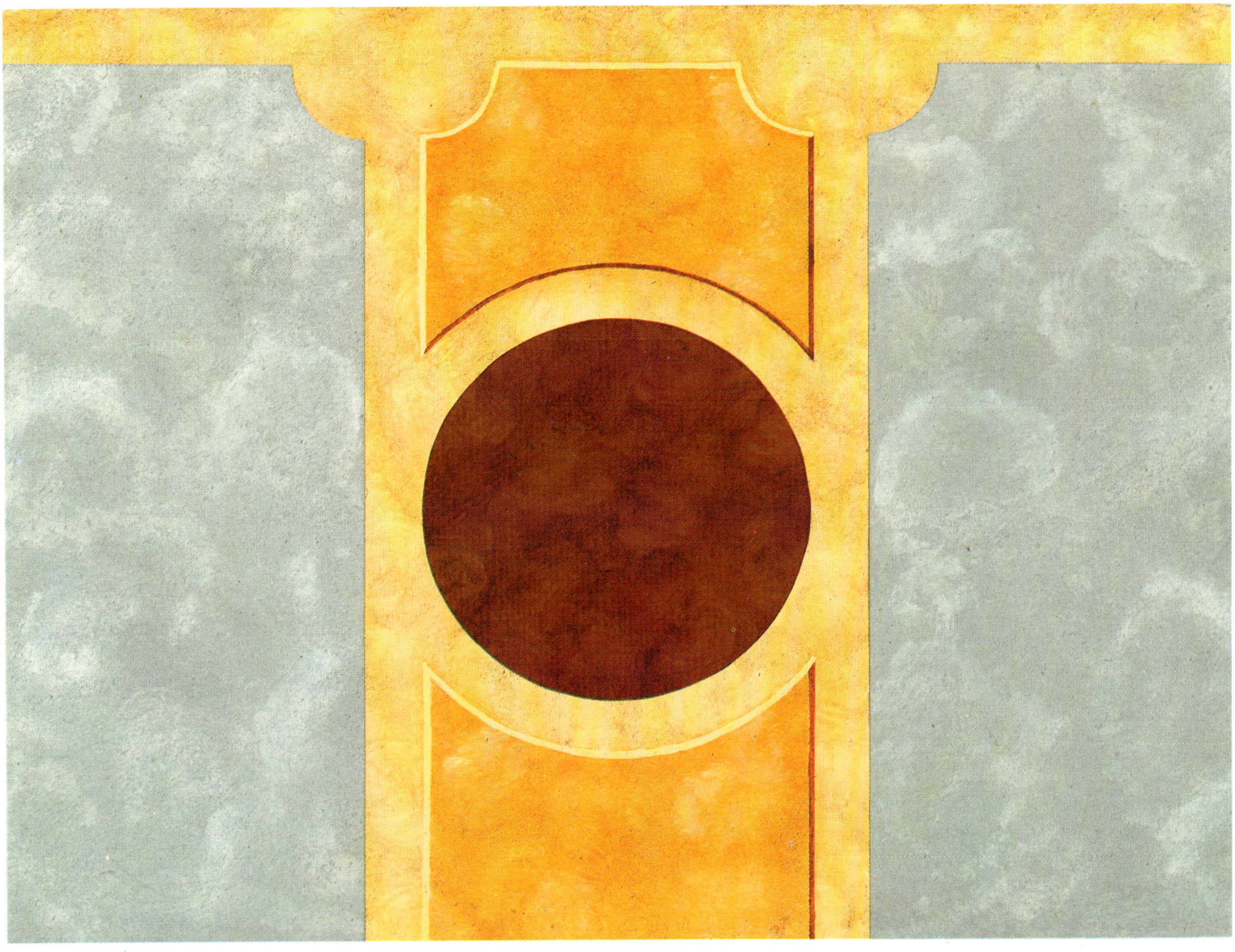

Dekorative marmorierte Patina

Unter diesem Begriff versteht man eine dekorative Technik mit einer schlichten zurückhaltenden Äderung, die an die Imitation von Marmor erinnert.
Die Äderung darf nicht stark ausgeprägt sein, um keine Verwechselung zwischen dieser Methode und der tatsächlichen Imitation von Marmor entstehen zu lassen.

Einfache Äderung:
Tragen Sie eine leicht getönte Lasur in einem Ton ähnlich dem Grund auf.
Stupfen Sie diese Schicht.
Ziehen Sie mit einem flachen Künstlerpinsel einige Adern in die Fläche. Dämpfen Sie diese mit einem kleinen Dachs- oder Borstvertreiber, und stupfen Sie anschließend.

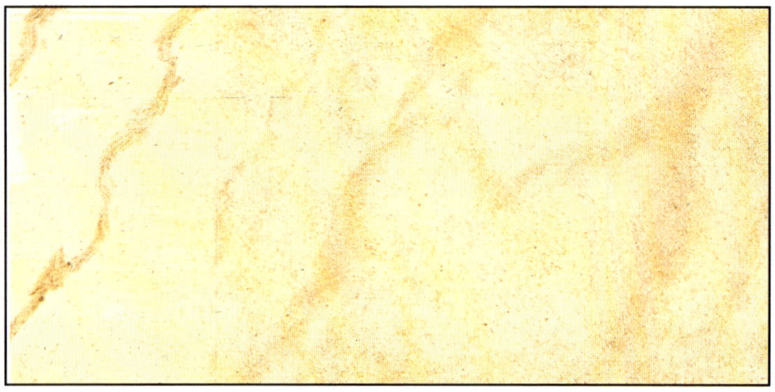

Einfache Marmorierung:
Tragen Sie eine farblose oder schwach gefärbte Lasur auf den Grund auf, und ziehen Sie ein ausgeprägtes variantenreiches Adernetz in die Fläche.
Lavieren Sie die Adern mit einem kleinen Flächenstreicher oder Borstvertreiber.
Tragen Sie eine schwach gefärbte zweite Lasur auf die freien Stellen zwischen den Adern auf.
Dämpfen Sie das Erscheinungsbild durch leichtes oder stärkeres Stupfen.

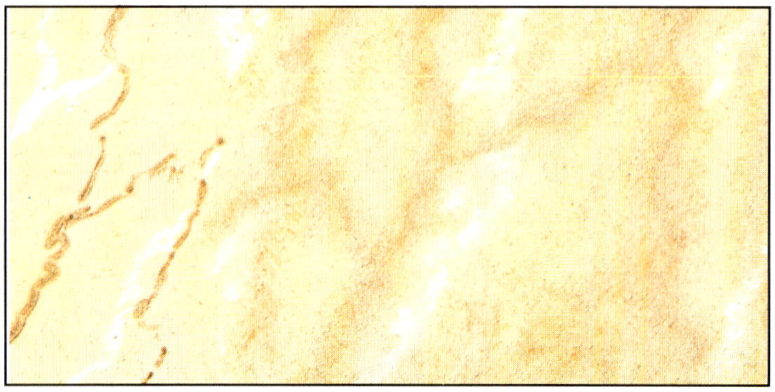

Marmorierung aus mehreren Nuancen:
Beginnen Sie wie bei der einfachen Marmorierung. Tragen Sie stellenweise zusätzliche weiße Lasur auf, und stupfen Sie diese ebenfalls.
Eine weitere nuancierende Schicht mit einer dritten Tonvariante ist stellenweise möglich.

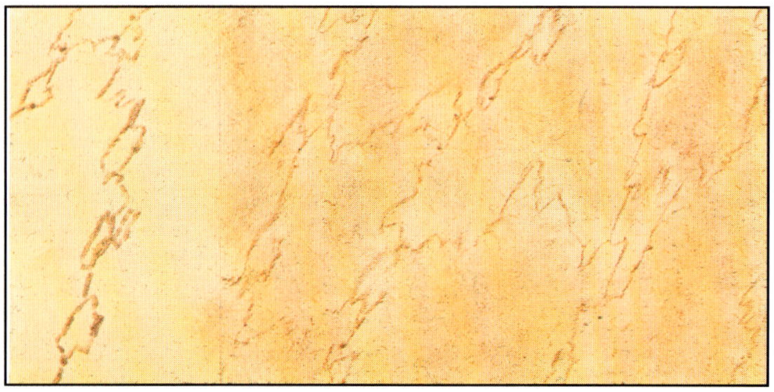

Scharfe Wirkung von Quarzadern:
Dies ist eine Methode mit einem ausgeprägteren Adermuster. Es wird nicht gestupft.

Anmerkung:
Das Ädern und Marmorieren erfolgt entweder mit Lasuren und Untergründen aus Ölfarben oder ausschließlich mit Acrylfarben.

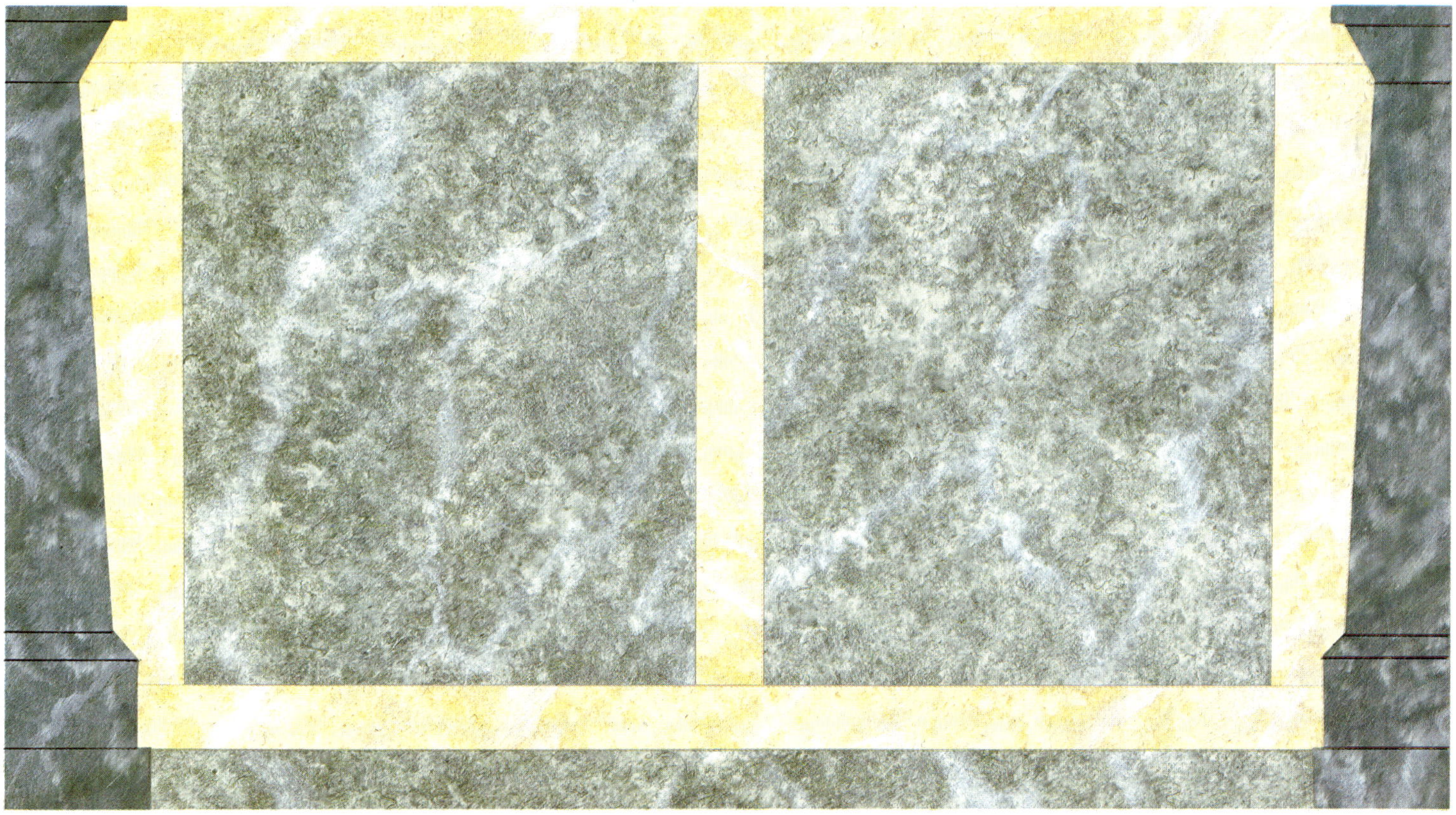

Felder, Schmalseiten und Sockelleiste: Die erste Lasur wird mit einem Schwamm oder einem Tuch bearbeitet und anschließend gestupft und stellenweise mit weißer gestupfter Lasur marmoriert.
Säulen: Marmorierte Patina aus mehreren Nuancen

Projekte für Wanddekorationen mit marmorierter Patina

Felder: die gleiche Methode wie oben
Schmalseiten und Sockelleiste: mit feinem Korn gestupfte farbige Lasur, unterschiedlich stark geädert
Säulen: die gleiche Methode wie oben

Gesprenkelte und granierte dekorative Patina

Die Arbeit besteht im wesentlichen darin, daß man unterschiedliche Farben mit einem Schwamm auf einen Grund aufträgt.
Es ist also eine Methode, bei der man Farbe aufträgt und nicht nachträglich wieder abhebt.

Zahlreiche Effekte sind auf diese Weise möglich:
- Überlagerung von farbigen Partien
- stärkere Sprenkelungen
- feine granierte Körnung

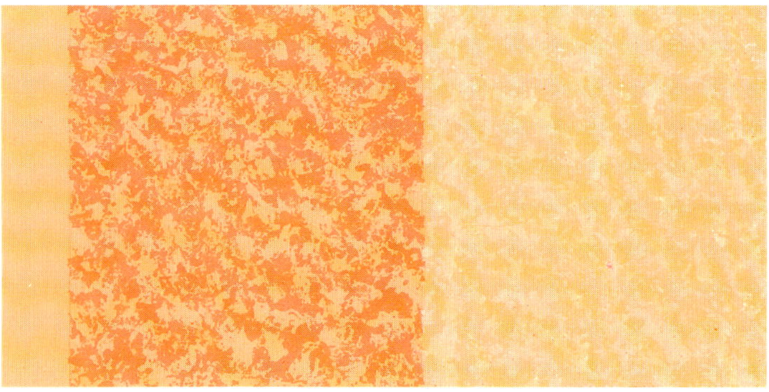

1 Dunkler als der Untergrund Heller als der Untergrund

Einfache Sprenkelung (1):
Bereiten Sie eine flüssige Farbe vor, die gut mit dem bereits angelegten Grund harmoniert. Geben Sie etwas davon in eine flache Schale, und sättigen Sie behutsam eine Seite Ihres Naturschwamms damit. Betupfen Sie die gesamte Fläche leicht in unregelmäßigen Kurven, und rücken Sie gleichmäßig auf der Fläche vor. Lassen Sie den Schwamm bei Bedarf neue Farbe aufnehmen.

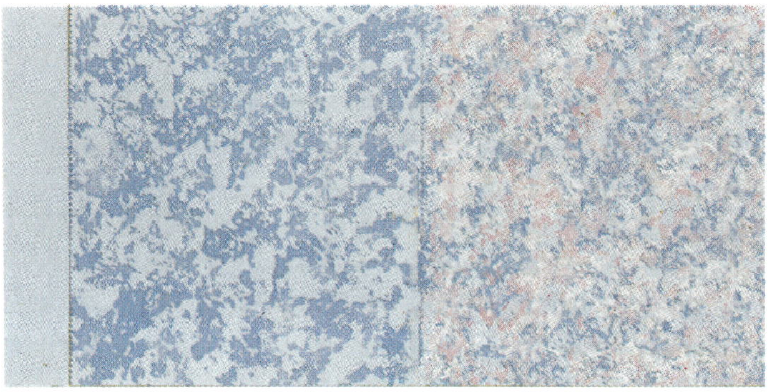

2 Einfache Sprenkelung 2. und 3. Sprenkelung

Sprenkelung aus mehreren Farben (2):
Stellen Sie zunächst eine einfache Sprenkelung her. Wiederholen Sie das Verfahren mit weiteren Farben; lassen Sie die Schichten zwischendurch jeweils trocknen.

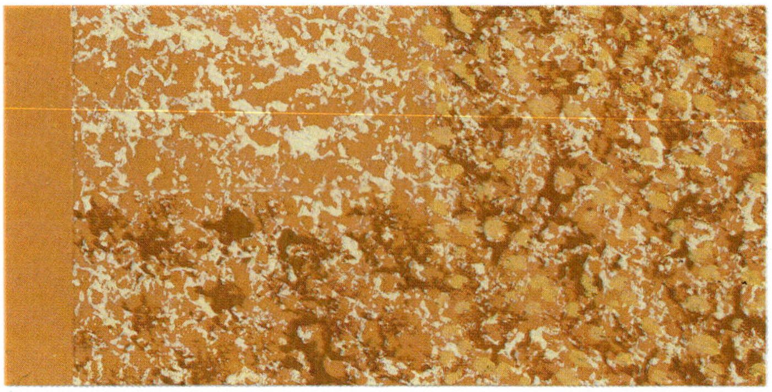

3 Graniert (hell und dunkel) Mittlerer granierter Effekt

Prägnanter granierter Effekt (3):
Das nebenstehende Beispiel wurde Ton in Ton ausgeführt. Man benötigt dafür zwei oder drei Nuancen der Untergrundfarbe.

Feiner granierter Effekt (4):
Verwenden Sie flüssigere Farbe und kompaktere Schwämme als bei dem vorigen Beispiel. Ein dicker Stoffballen ergibt ein ähnliches Ergebnis.

4 Granierter Effekt mit einem Tuch

Anmerkung:
Acryl- und Vinylfarben eignen sich besonders für diese Sprenkelungen.

Pergamentfarbene gesprenkelte Wandtafel, Umfeld: granierte Effekte in Chamois; Sockel: gesprenkelte Patina aus gebrochenem Weiß (Camaieu), zweifarbige granierte Patina und einfarbige Schleifen

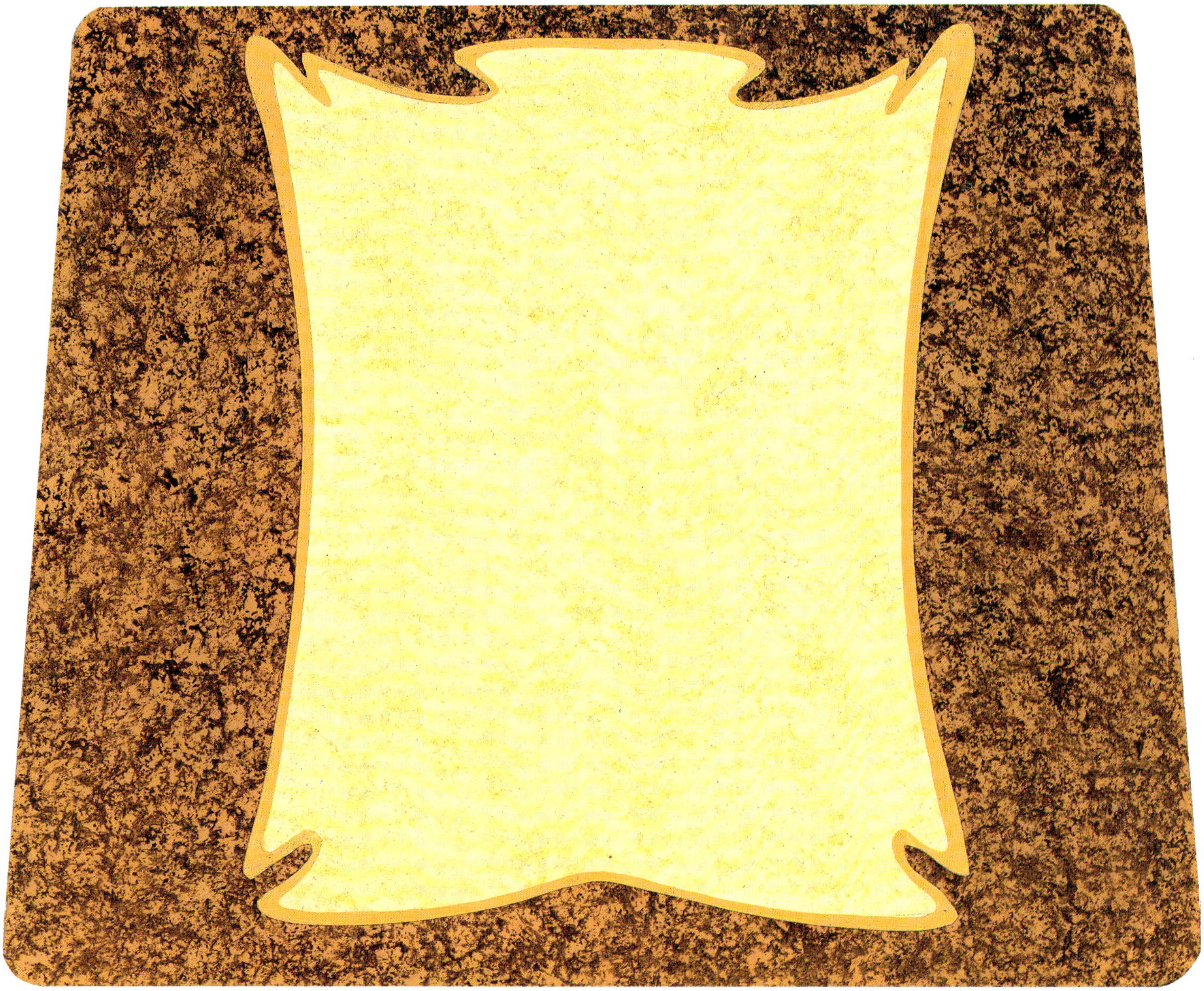

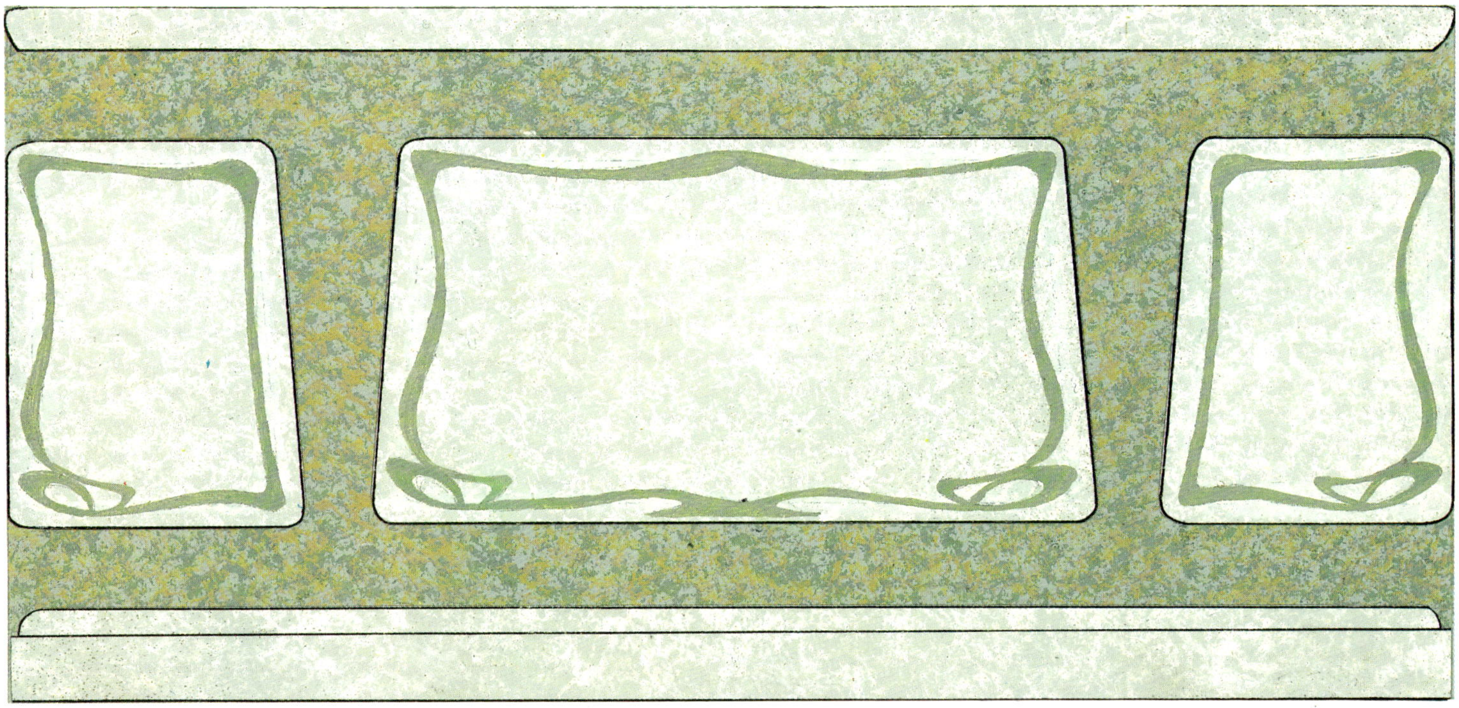

Imitation von Stein

Die unterschiedliche Imitation von Steinen ergibt sich aus deren vielfältiger Verwendung:
Quadersteine werden traditionell für Eingangshallen, Treppenhäuser, Vestibüle, Wohnräume mit schlichtem Dekor, Gewölbe, große Kamine etc. gewählt.
Behauene Steine von variabler Form und Farbe eignen sich eher für Gemeinschaftsräume im rustikalen Stil, Interieurs von Landhäusern, Trennmauern etc.
Mauerverbände als Trompe l'oeil entstehen für Wandgemälde, Bühnenbilder, architektonische Entwürfe etc.

Quadersteine

Dieses relativ verbreitete Verfahren als sogenannter Halbsteinverband stammt aus der Stereotomie und fügt Quadersteine geometrisch korrekt zusammen.
Man imitiert sie, indem man den Mauerverband mit einem Stift auf dem farbigen Grund vorzeichnet und die geraden Striche für die Fugen zieht. Die Methode stützt sich also im wesentlichen auf die Arbeit mit Lineal und Strichzieher.
Für eine realistischere und dekorativere Wirkung kann man die Steine vor der Anlage der Fugen einzeln nuancieren.

Behauene Steine

Auch bei diesem Verfahren zeichnet man die gewünschten Formen für die Steine mit einem Stift auf dem einfarbigen Grund vor (oder skizziert sie mit Zeichenkohle oder Kreide) und koloriert sie anschließend mit den entsprechenden Materialien. Auf diese Weise kann man die unterschiedlichsten Steine imitieren, angefangen von französischem Quarz mit seinen besonderen Merkmalen bis zu unbehauenen Bruchsteinen ohne eindeutige Färbung.
Nach der Anlage der Farben zieht man die Fugen entlang der noch sichtbaren Linien.

Mauerverbände für Wanddekors

Die hier beschriebenen Verfahren eignen sich auch hervorragend für Wanddekorationen als Trompe l'oeil: Säulen, Arkaden etc.

Ausschnitt einer Mauer mit Nische aus imitierten Quadersteinen mit Fugennetz in Weiß. Die Statuette wurde elfenbeinfarben patiniert.

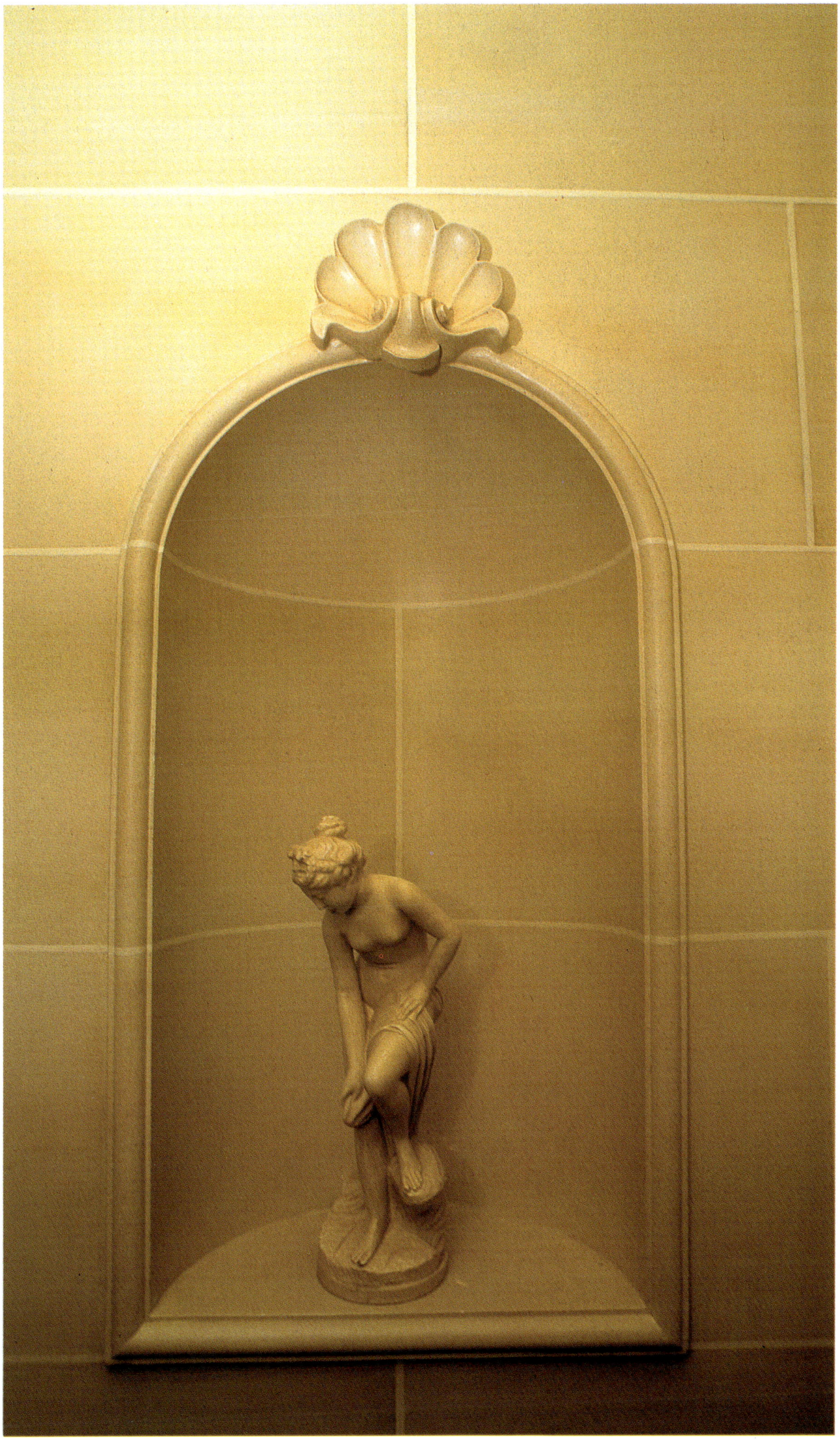

Quadersteine als Halbsteinverband

Der Malgrund muß vorab mit zwei deckenden Schichten einer matten Farbe (oder einer seidenglänzenden, falls eine Kolorierung vorgesehen ist) überzogen und anschließend mit einer Malerrolle oder einer Stupfbürste überarbeitet werden.

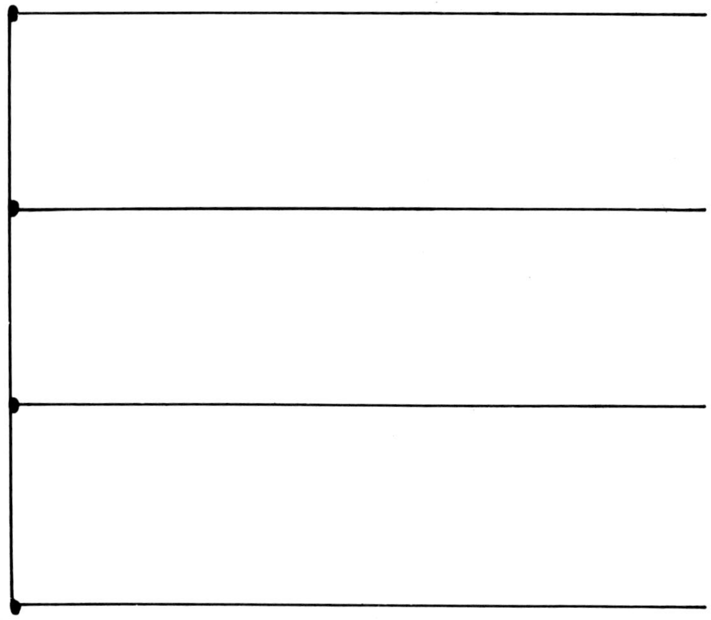

1

Untergrund: Steinton.
Die Nuancen reichen von frischem oder graustichigem Creme bis zu mittlerem oder rötlichem Beige.
Siehe Beispiele auf Seite 53.

Um Weiß selbst abzutönen, verwendet man am besten Farbkonzentrat in kleinen Mengen.
Vorzeichnung:
Je nach Tafel oder Wand ermittelt man zunächst die ästhetischste Höhe für die Steinschichten, fachlich Lagen genannt. Dazu unterteilt man das Maß vom Boden bis zur Decke so, daß sich eine Höhe von ungefähr 33 cm pro Lage ergibt.
Achtung: Das ideale Verhältnis der Maße für einen Stein beträgt 1:2, hier also 33 cm x 66 cm.
Je nach Größe des Raumes, der Wand oder Tafel kann die Höhe der Lagen zwischen 22 cm und 40 cm variieren.
Beispiel: Höhe der Mauer: 2,60 m
gleich 9 Steine à 28,8 cm
oder 8 Steine à 32,5 cm (In diesem Fall wählt man also 32,5 und 65 cm als Grundmaß).
1. Markieren Sie die Höhe der Lagen in einer Ecke der Mauer vom Boden bis zur Decke mit einem Stift (ohne Sockelleisten und angesetztes Kranzgesims).
2. Ziehen Sie in halber Höhe eine Waagerechte.
3. Markieren Sie alle weiteren waagerechten Linien unterhalb und oberhalb der ersten Linie, und zeichnen Sie die Lagen mit einem Lineal oder einem Schnurschlag ein.
4. Markieren Sie die Anhaltspunkte für alle Halbsteine an der Oberkante, und ziehen Sie die senkrechten Fugen.
5. Sind Öffnungen oder Durchbrüche für Türen, Fenster, Erker o.ä. vorgesehen, zeichnen Sie deren Schlußsteine als erstes in den Mauerverband (siehe Illustrationen S. 60 bis 63).

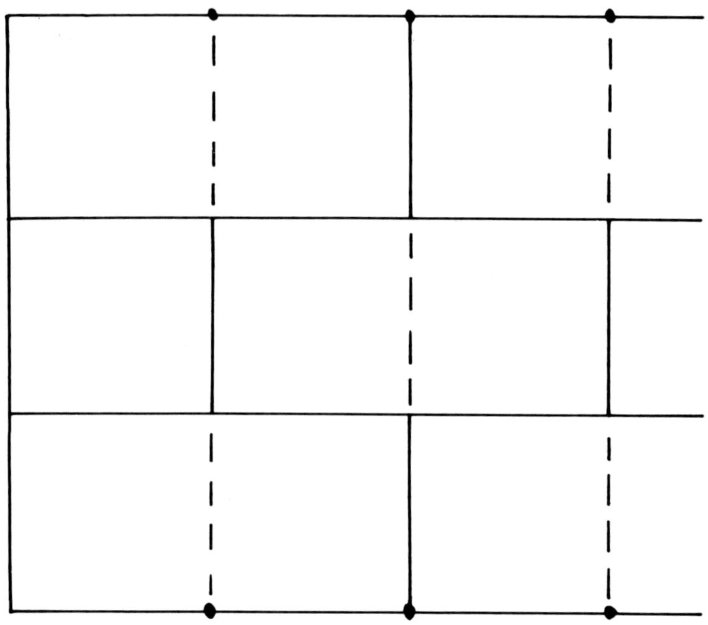

4

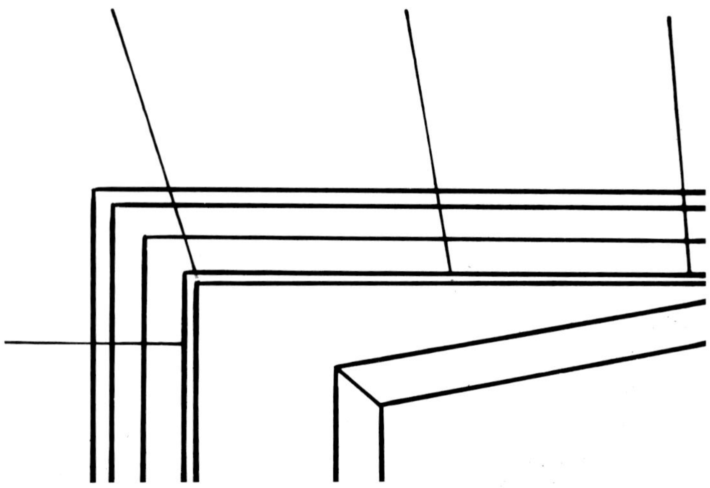

5

Anmerkung:
Man kann den Türrahmen in den Mauerverband aufnehmen, indem man ihn als schmalen Streifen parallel zur Öffnung auf den vorbehandelten Untergrund zeichnet.

Anlage der Fugen:
Sie bestehen aus schmalen Strichen einer matten, meistens etwas flüssigeren Farbe, zum Beispiel 1 Teil matte Alkydharzfarbe und 1 Teil Zink- oder Titanweiß in Öl, Verdünner und Sikkativ.

Beispiele für Steinfarben:

Weiß, Lichter Ocker,
etwas Umbra natur
und eine Spur Chromgelb mittel.

Weiß, Lichter Ocker,
etwas Umbra natur
und eine Spur Umbra gebrannt.

Umbra natur kann auch durch Schwarz ersetzt werden.

Weiß, Umbra natur,
etwas Lichter Ocker.

Weiß, Lichter Ocker,
etwas Rotocker,
eine Spur Umbra natur.

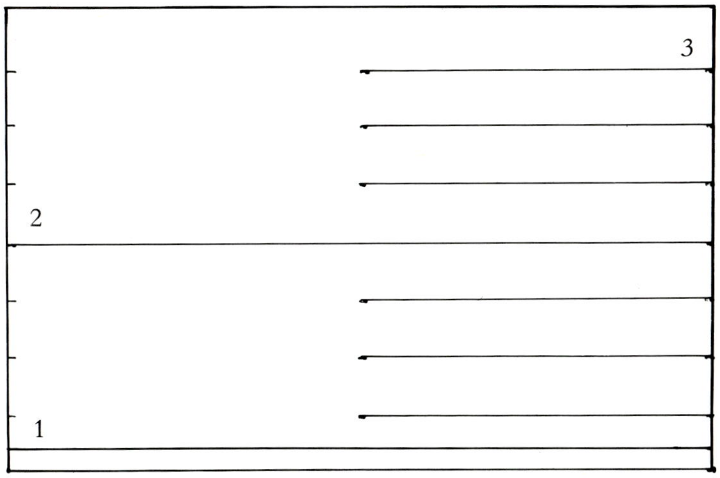

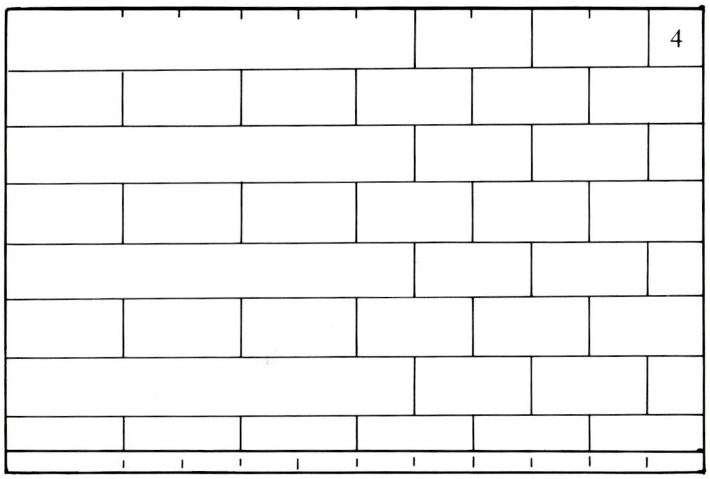

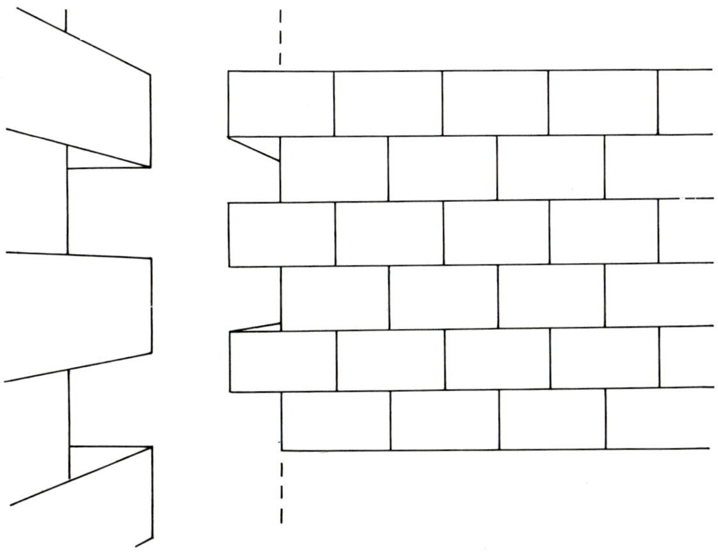

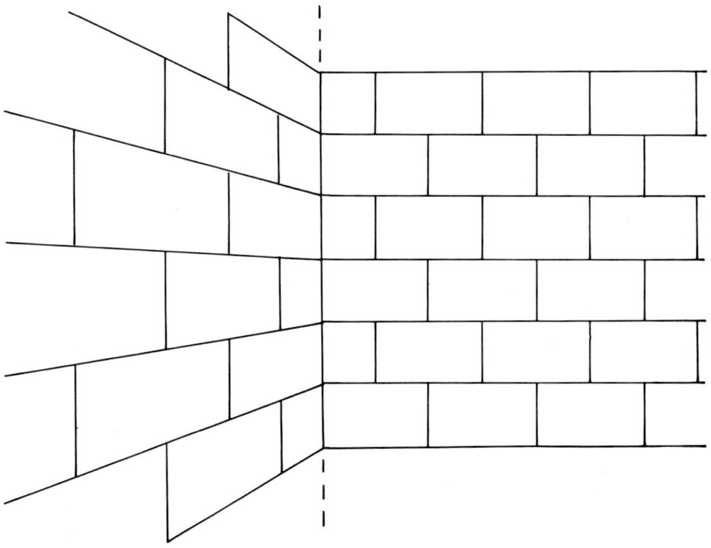

Beachten Sie das Ineinandergreifen der echten Steine an den Ecken: Einem ganzen Stein folgt stets ein halber. Dieses Prinzip hilft bei der Berechnung der Anhaltspunkte für die senkrechten Fugen, damit eine perfekte Symmetrie entsteht.

Einfarbige und mehrfarbige Halbsteinverbände

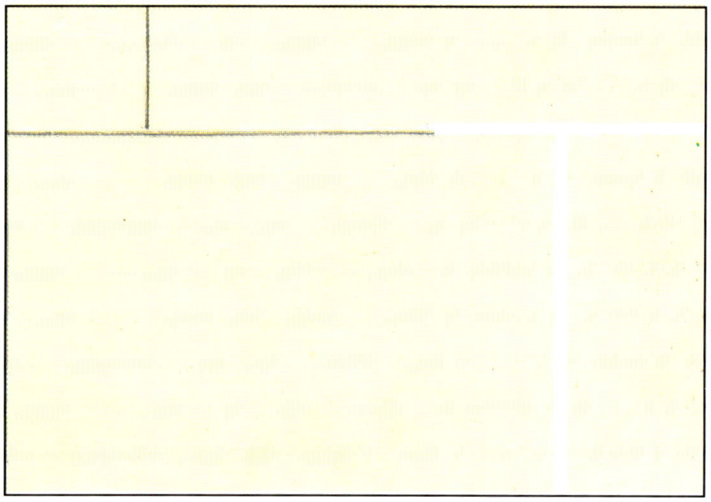

Einfarbiger Halbsteinverband

Der Grundton ist gleichzeitig die endgültige Farbe, wobei die Fugen für ein nüchternes realistisches Aussehen sorgen. Weiße Fugen sollten bei schlechtem Deckvermögen zweimal gezogen werden, insbesondere um durchscheinende Bleistiftstriche sorgfältig abzudecken.

Mit Lasurüberzug

Mit Lasurüberzug

Mehrfarbiger Halbsteinverband

Für die Tönung überzieht man die einzelnen Steine mit einer leicht gefärbten Lasur und hält sich dabei an die Vorzeichnung. Um Abwechslung zwischen hellen und farbigeren Steinen zu erhalten, arbeitet man mit drei oder vier verschiedenen Nuancen auf der Grundlage von Siena natur und Umbra natur:

- einer gelbstichigen, beinahe farblosen Lasur,
- einer graustichigen Lasur mit Umbra natur,
- sowie ein oder zwei weiteren Lasuren in den Zwischentönen.

Für beige Untergründe sollte man auch Umbra gebrannt verwenden.

Sind die Lasuren sauber aufgetragen, hat man zwei Möglichkeiten, deren endgültiges Aussehen festzulegen:

1. Man zieht mit einem breiten Flächenstreicher mehr oder weniger stark waagerecht über die Lasur. Je nach Lasurart kann man durch Reiben mit einem Schwamm oder einem zusammengelegten Jutetuch ein ähnlich graniertes Ergebnis erzielen.
2. Man stupft die Lasur gleichmäßig mit einem Pinsel oder einer Stupfbürste. Je nach Art der Behandlung fällt das Korn mehr oder weniger ausgeprägt aus.

Anmerkung:

Entfernen Sie in jedem Fall vor dem Trocknen eventuell auf benachbarte Steine verlaufene Farben.

Ziehen Sie zum Abschluß die Fugen.

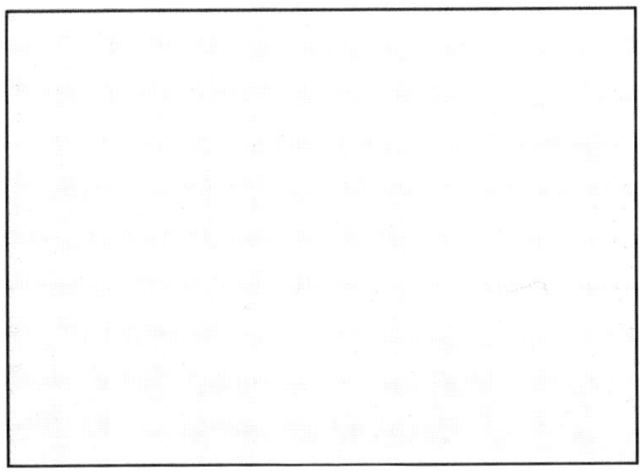

Einfarbiger Halbsteinverband

Streifiger Lasurauftrag

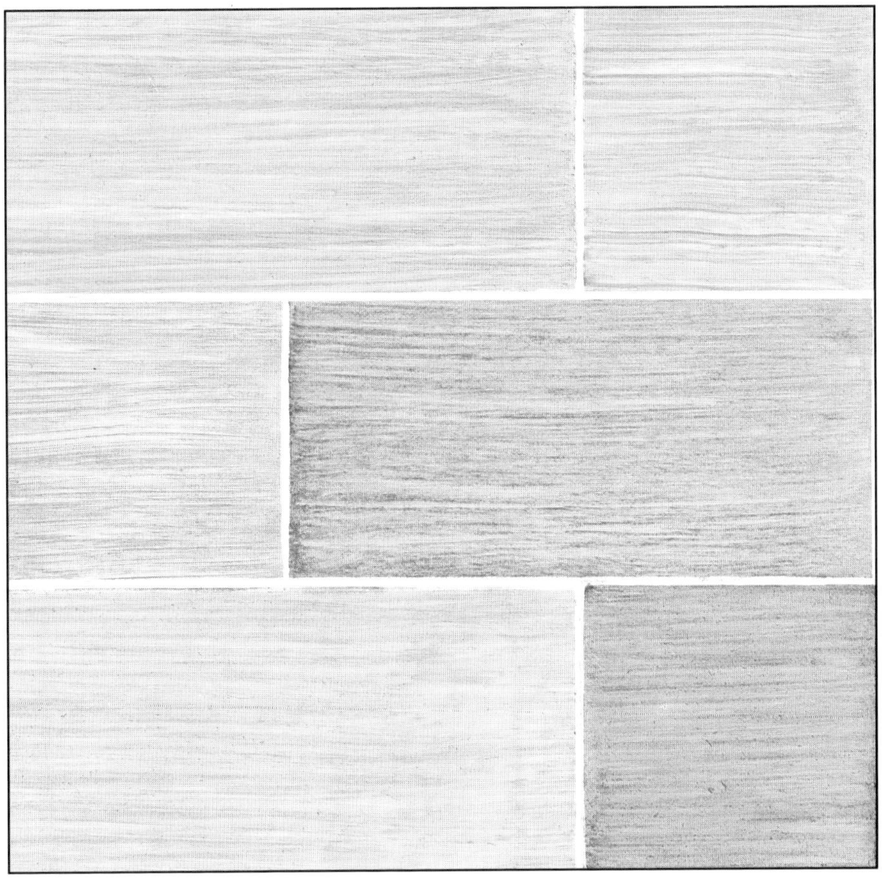

1

2

Gestupfter Lasurauftrag

Nuancierte Quadersteine und Fugen

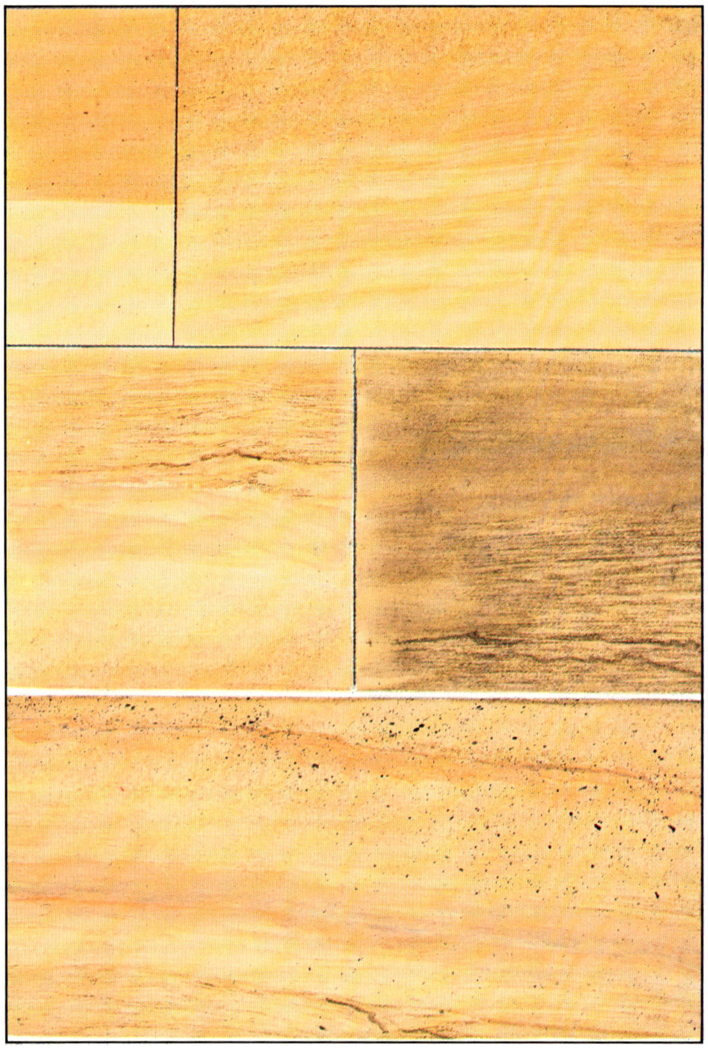

Nuancierte geäderte Quadersteine
Wie bei den vorigen Steinen bereitet man eine schwach eingefärbte und zwei stärker getönte Lasuren vor.
Überziehen Sie einen oder mehrere Steine gleichzeitig mit der schwächeren Lasur.
Legen Sie die getönten Lasuren stellenweise an. Lavieren Sie die Begrenzungen mit einem Modler. Falls gewünscht, können Sie auch mit einem Tuch wischen.
Stupfen oder ziehen Sie einige Stellen durch. Tragen Sie in Steinrichtung oder leicht schräg einige größere Farbpartien auf, die Sie durch Vertreiben oder Stupfen etwas abschwächen, und ziehen Sie mit einem flachen Künstlerpinsel Adern hinein. Diese sollten gelblich, graustichig oder weißlich sein. Fügen Sie Spritzer aus brauner und/oder weißer Farbe hinzu.
Ziehen Sie als letztes die Fugen.

Anmerkung:
Bei diesen Halbsteinverbänden kann die Farbe für die Fugen aus Weiß, Ocker, Hellgrau oder Mittelgrau bestehen.

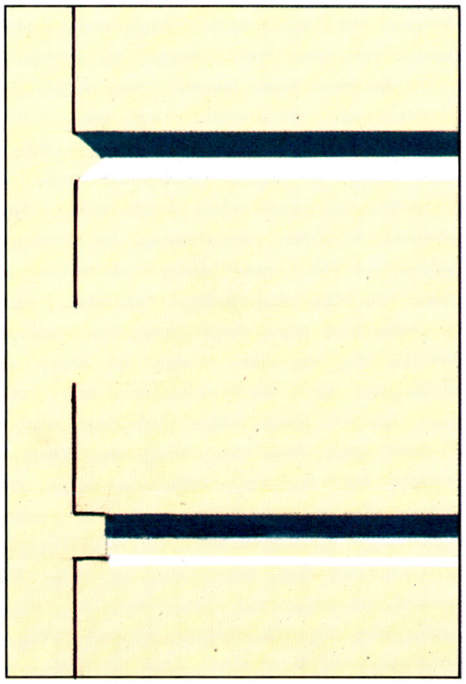

Gekerbte Fuge (1)

Tiefliegende Fuge (2)

Fugen für Quadersteine
Neben den einfachen Fugen (die man aus schmalen Strichen einer deckenden Farbe erhält) kann man mit Hilfe von sogenannten Lichtern auch gekerbte oder vertiefte Fugen anlegen. Traditionell entspricht die Anlage von Fugen mit Licht und Schatten einem Beleuchtungswinkel von 45 Grad von rechts oder links oben je nach der zu bearbeitenden Fläche oder vorhandenen Lichtquelle.

Anmerkung:
Die Striche aus deckender Farbe können auch mit stärker getönter Lasurfarbe angelegt werden. Dies führt zu einem realistischeren Ergebnis.

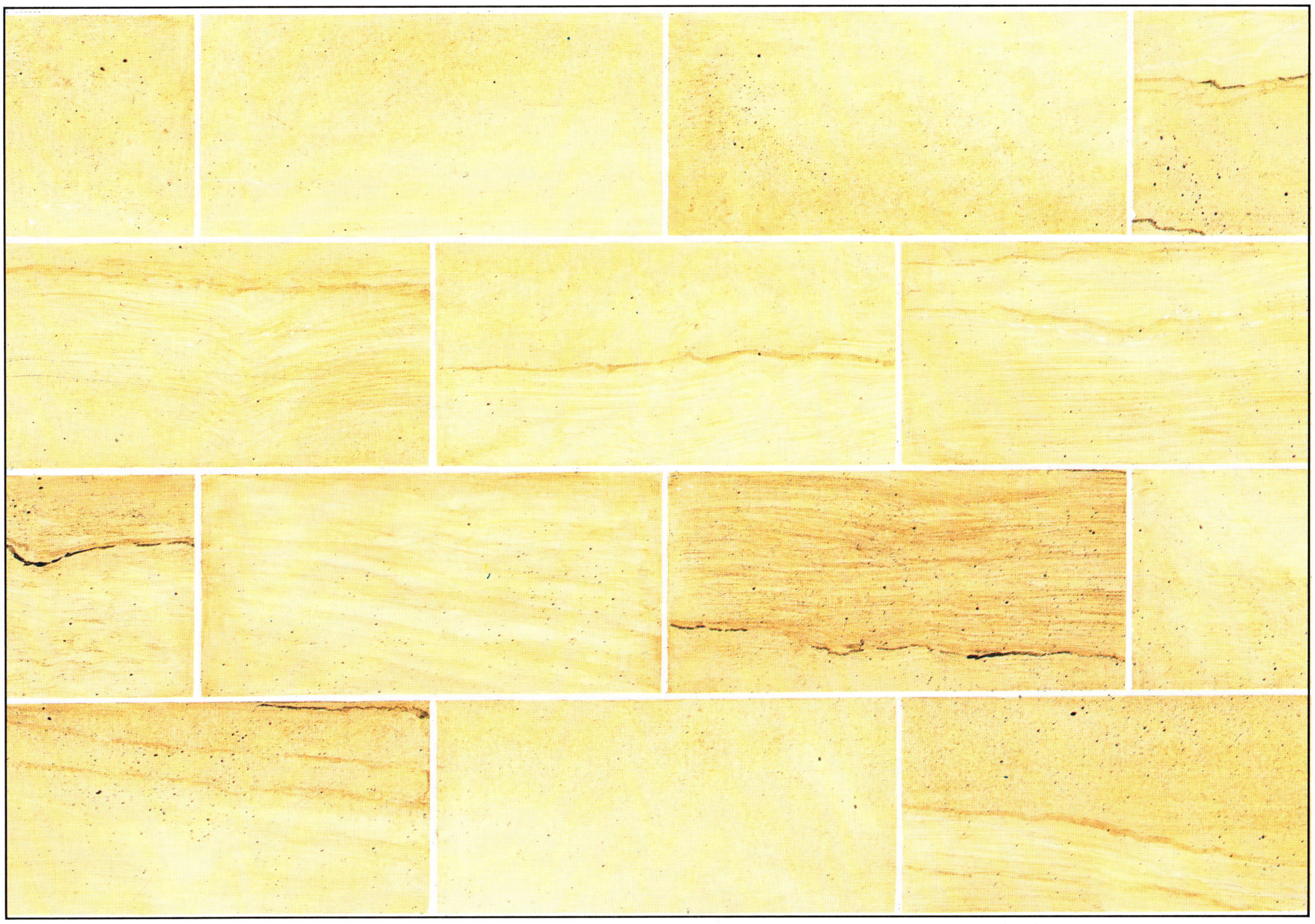

Nuancierter geäderter Halbsteinverband

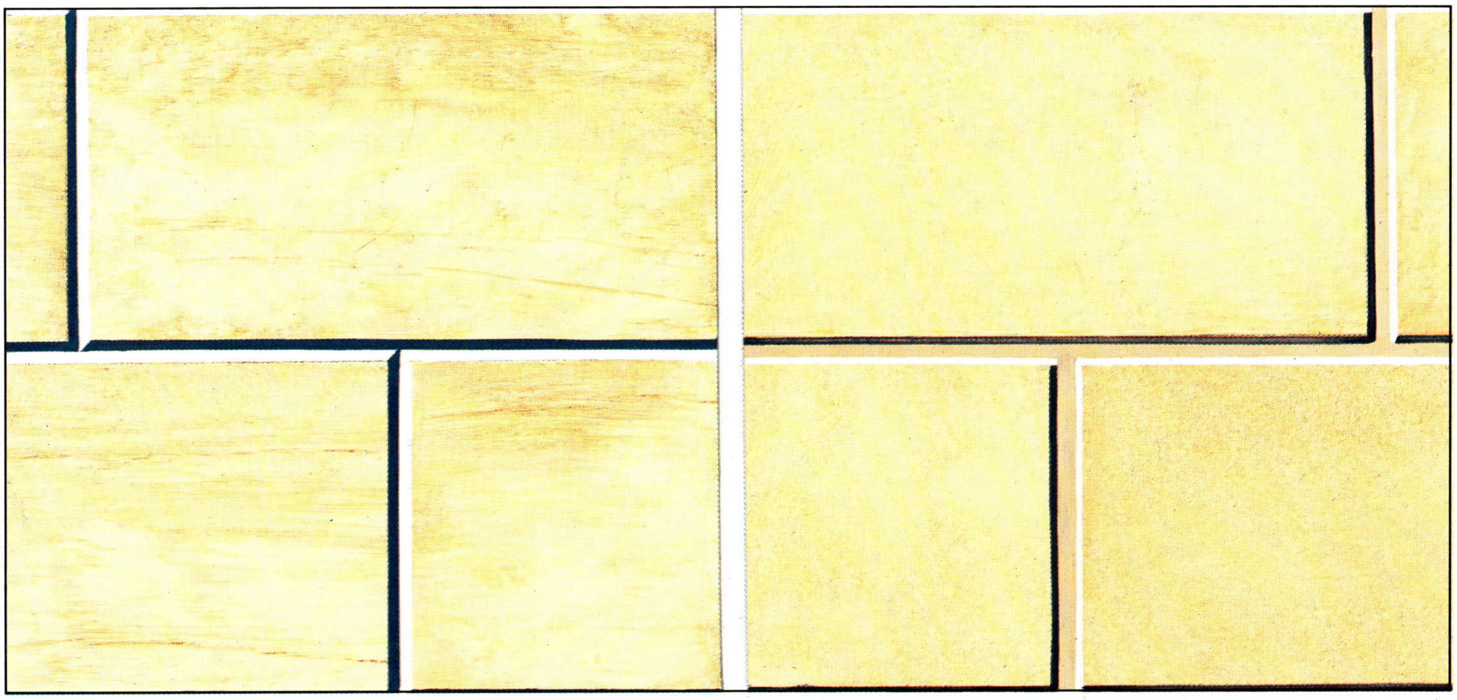

1

2

Quadersteine (Fortsetzung)

Verschiedene Methoden, um Quadersteinen ein zusätzliches Relief zu verleihen.

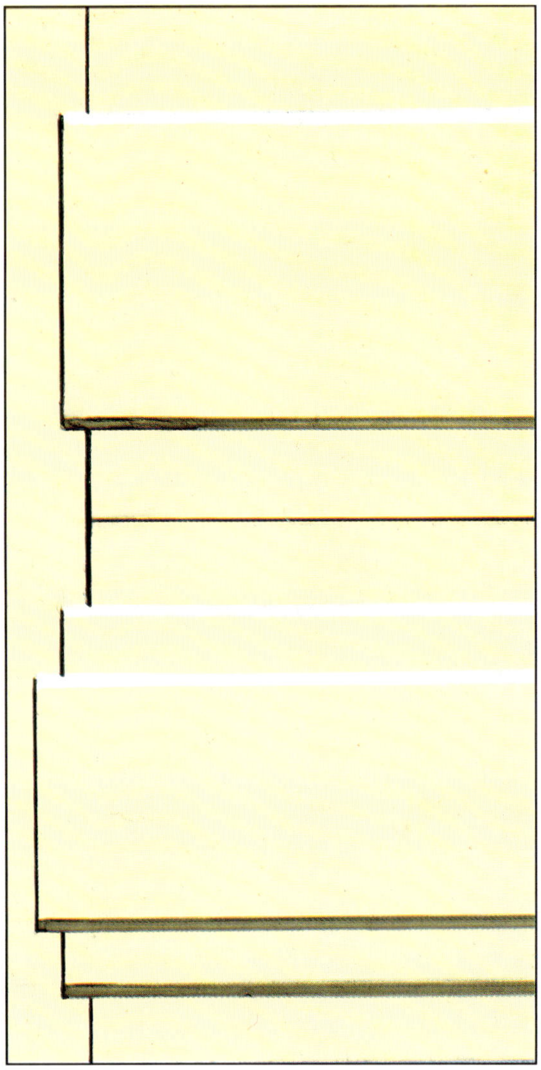

Stein mit erhabenem Feld
Abb. 1

Stein mit doppeltem erhabenem Feld
Abb. 2

Erhabene Felder
Der Eindruck von einfachen oder doppelten erhabenen Feldern auf einem Stein entsteht mit Hilfe schmaler Striche für Licht und Schatten.

Einige Anmerkungen:
- Die feinen weißen Linien für die Lichter erfordern die perfekte Beherrschung der Pinselführung.
- Marker mit deckender Gouache (für die Gebrauchsgrafik) leisten sowohl für die hellen als auch für die dunklen Striche gute Dienste, sofern sie in den gewünschten Farben erhältlich sind.

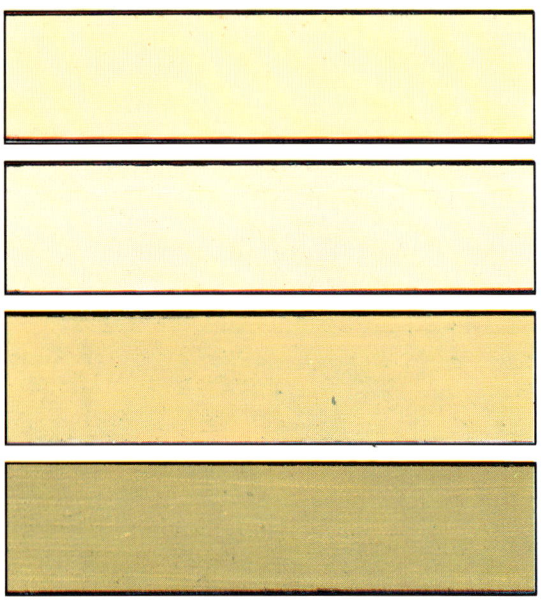

Mittelheller Ton
A

Heller Ton
B

Mittel-dunkler Ton
C

Dunkler Ton
D

Abb. 4

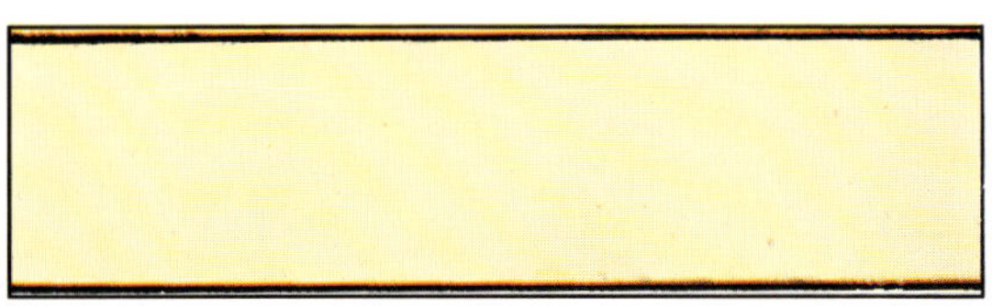

Allgemeiner Steinton
Abb. 5

Weiteres Bossenwerk
Steine mit Schrägkanten (Abb. 3) und Diamantspitzen (Abb. 4 und 5) erhält man, indem man die Quaderseiten entsprechend ihrer angenommenen Beleuchtung in vier verschiedenen Farbtönen anlegt.
Dafür gibt es zwei Methoden:
1. Mit gleichmäßiger Farbe (Abb. 3 und 4)
Überziehen Sie die gesamte Fläche mit dem Mittelton A. Legen Sie die Vorzeichnung darauf an, und malen Sie die Facetten mit den drei weiteren Tönen. (Eventuell mit Klebeband abdecken). Um eine schöne Ton-in-Ton-Wirkung zu erzielen, empfiehlt es sich, zunächst eine ausreichende Menge von Ton D herzustellen und diesen anschließend als Abtönfarbe zu verwenden. Man gibt soviel von Ton D zu Weiß, bis der Grundton A erreicht ist. Für die Töne B und C verfahren Sie ebenso. Die jeweils linken Facetten ergeben sich direkt aus dem Untergrundton.
2. Mit vier verschiedenen Lasuren (Abb. 5)
Streichen Sie die gesamte Fläche im Steinton. Legen Sie die Vorzeichnung an. Überziehen Sie jede Facette mit einer gestupften und vertriebenen Lasur. Lassen Sie die Schichten jeweils gut trocknen.
Sorgen Sie für eine saubere Trennung mit Hilfe von Klebeband.

1. Steine mit erhabenem Feld

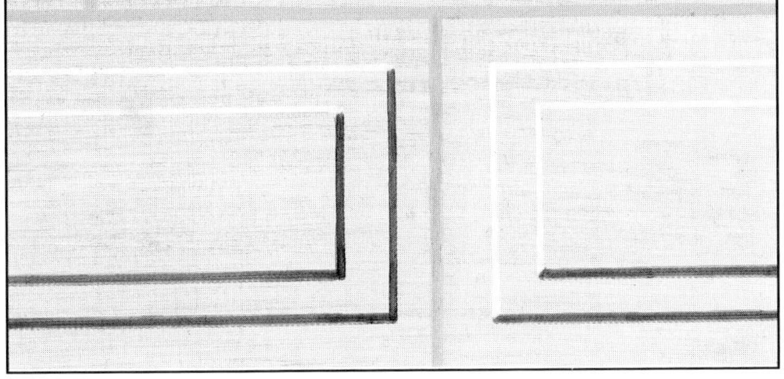

2. Steine mit doppeltem erhabenem Feld

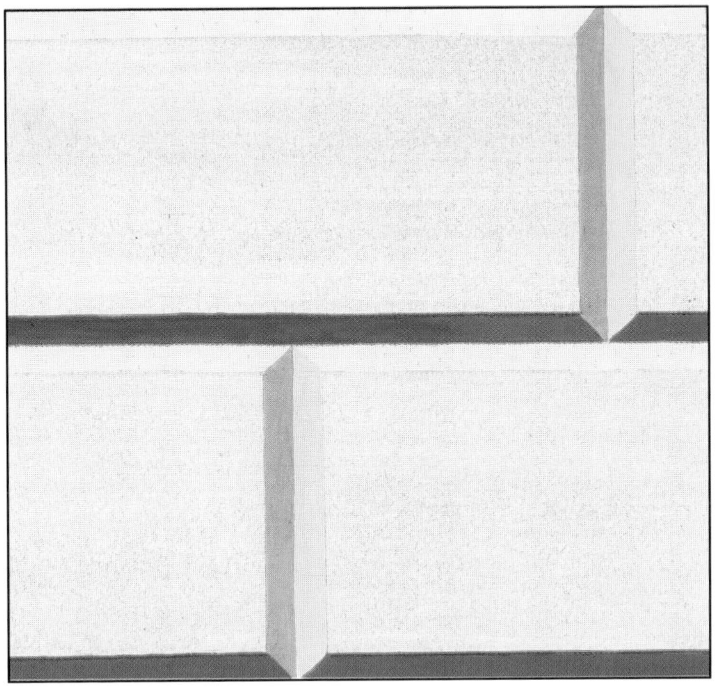

3. Steine mit schrägen Kanten

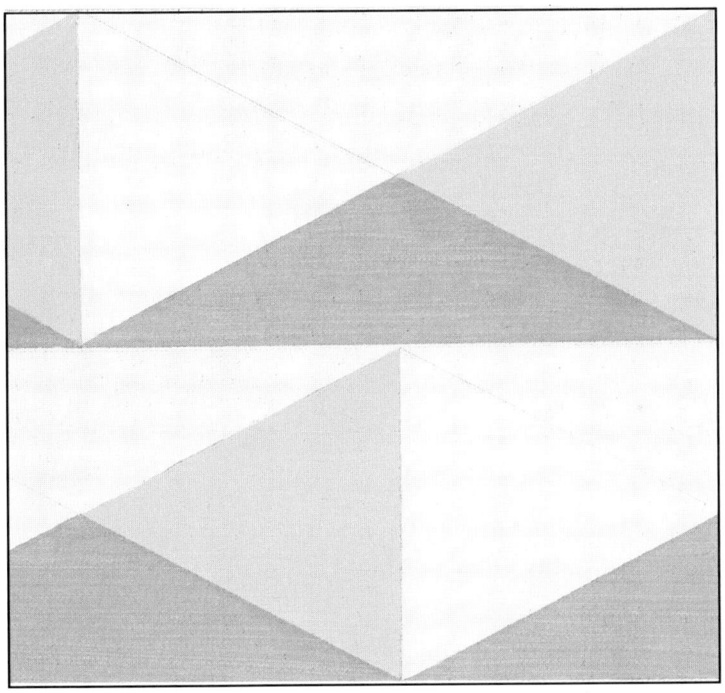

4. Steine mit Diamantspitze (aus deckender Farbe)

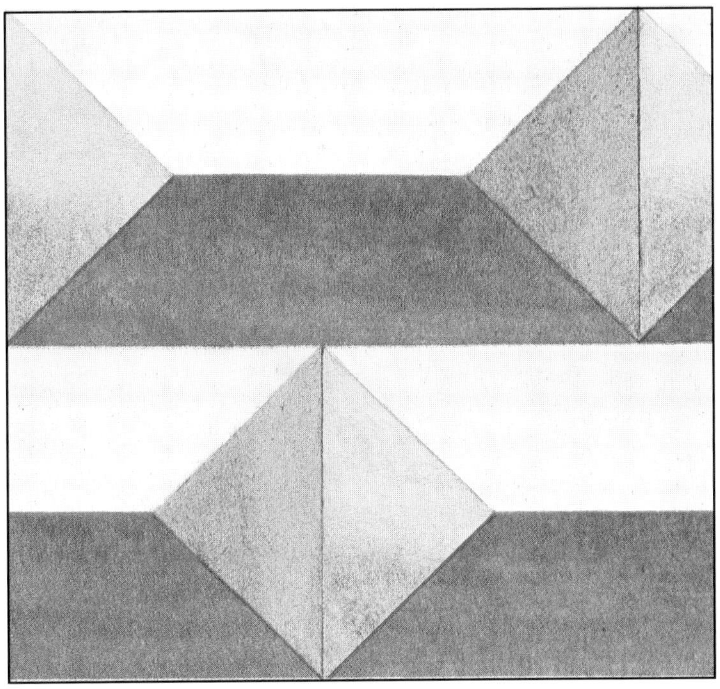

5. Steine mit Diamantspitze (aus Lasuren)

Quadersteine – Mauerverbände mit Sturz

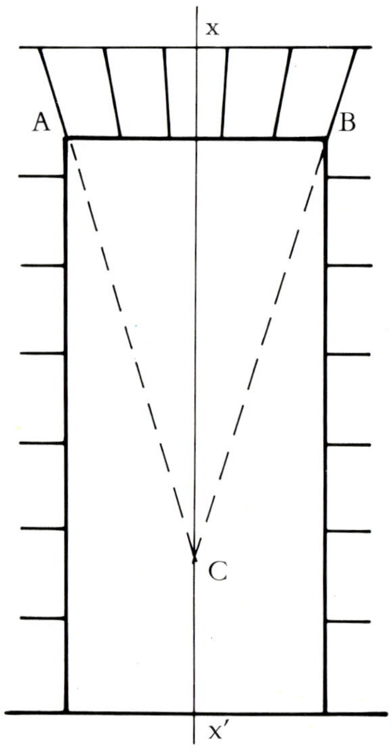

1. Empfohlen für kleinere Maueröffnungen

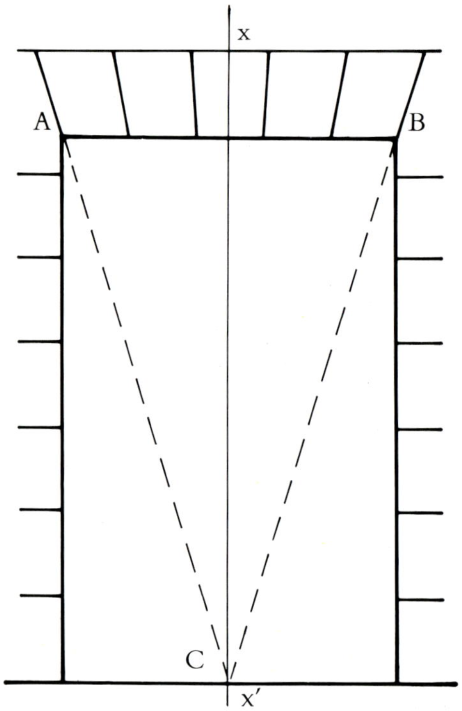

2. Empfohlen für größere Maueröffnungen

Als Sturz bezeichnet man die waagerechte Oberkante einer Maueröffnung (Türen, Fenster etc.). Er besteht immer aus einer ungeraden Anzahl von konischen Steinen – Bogensteine genannt – mit dem Schlußstein in der Mitte.

Vorzeichnung:
Unterteilen Sie die Linie AB in 5 oder 7 Abschnitte (je nach Breite auch mehr).
Bestimmen Sie den Punkt C auf der Achse x-x', und zeichnen Sie von dort die schrägen Fugen zu den Unterteilungspunkten auf der Geraden AB.

Ermittlung von Punkt C:
Dafür gibt es mehrere professionelle Methoden. Hier zwei vereinfachte Verfahren:
1. Addieren Sie die Breite AB und die Höhe AH. Dividieren Sie die Summe durch zwei, und übertragen Sie das Maß auf den oberen Abschnitt der Achse x-x'.
2. Ziehen Sie die Achse x-x', und legen Sie den Punkt C in die Mitte der Grundlinie.

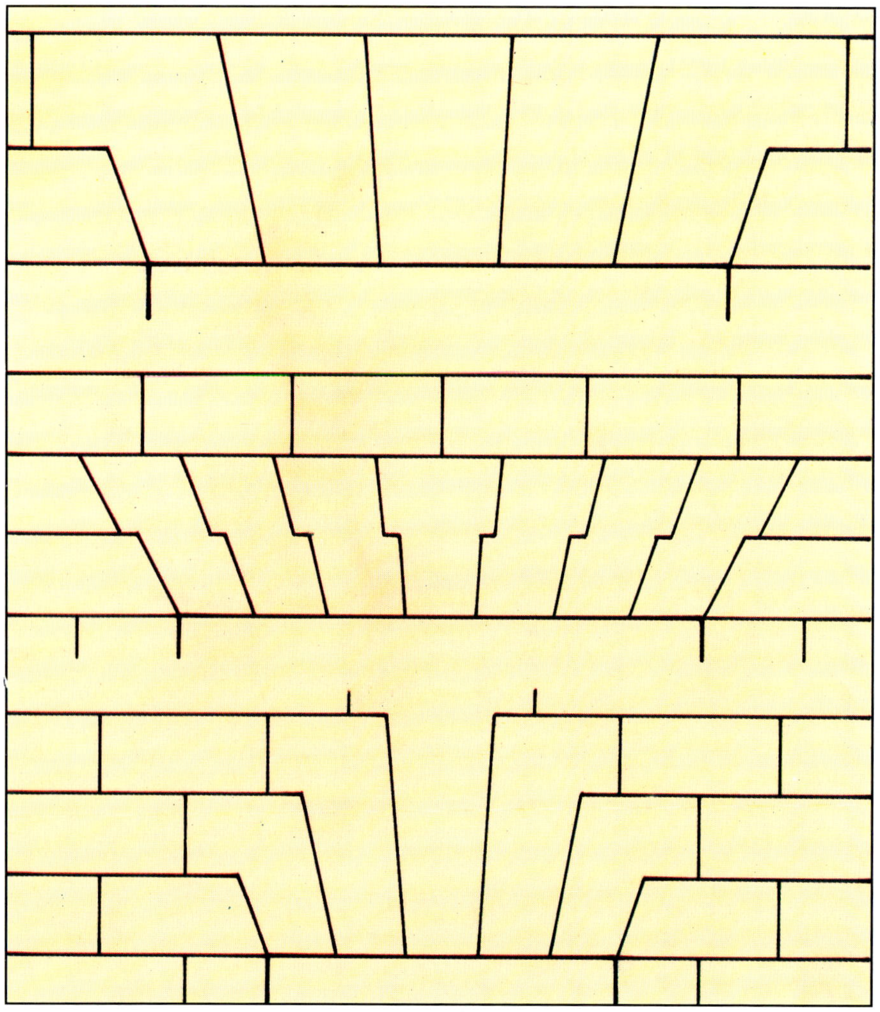

Weitere Formen für Stürze

Mit Eckkropfen

Mit versetzter Verkröpfung

Harfenförmiger Sturz

Einfarbiger Halbsteinverband mit verschlossener Öffnung und Sturz mit Eckkröpfen und Bossenschlußstein

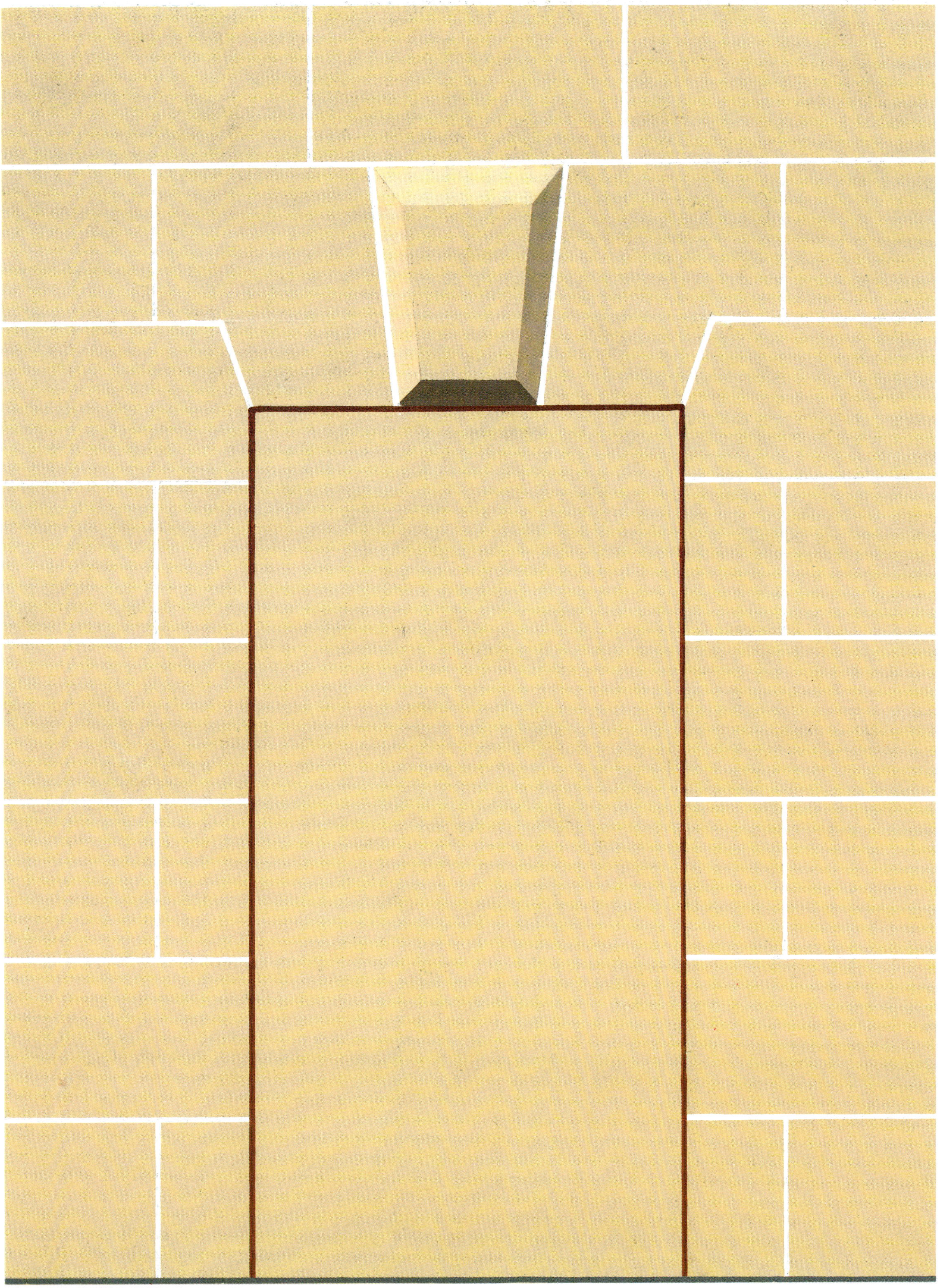

Quadersteine – Mauerverbände mit Bögen

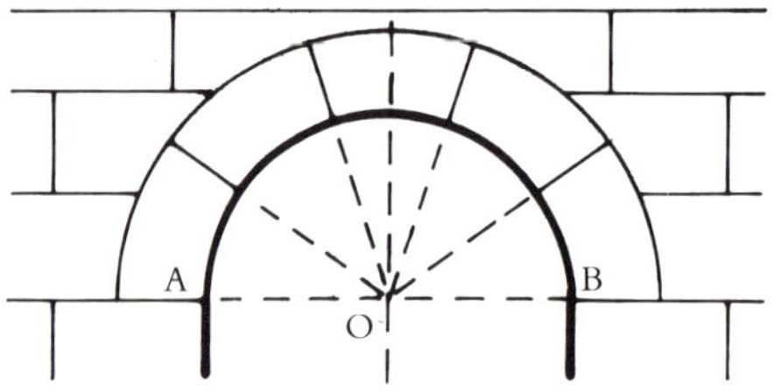

Rundbogen

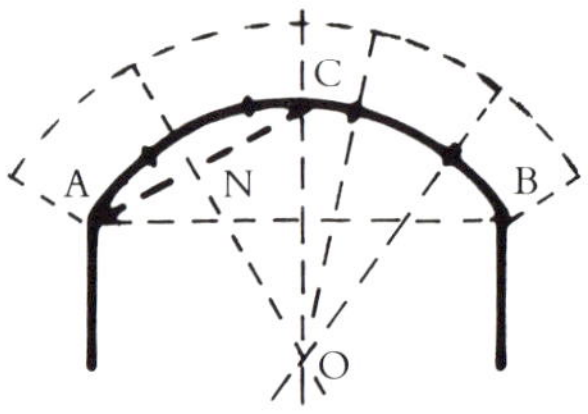

Stichbogen

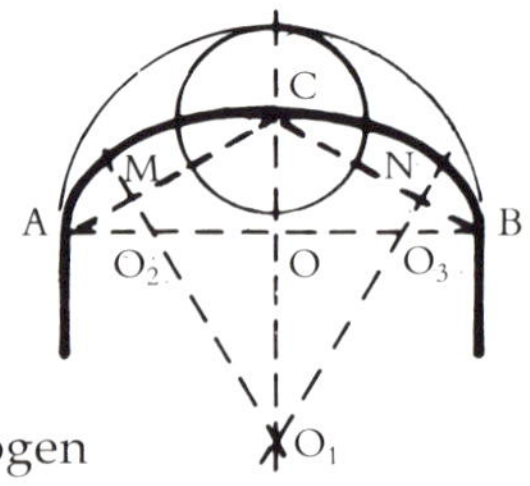

Korbbogen

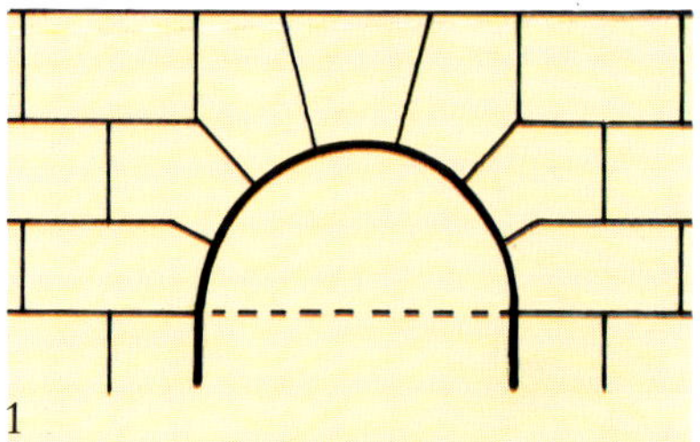

1

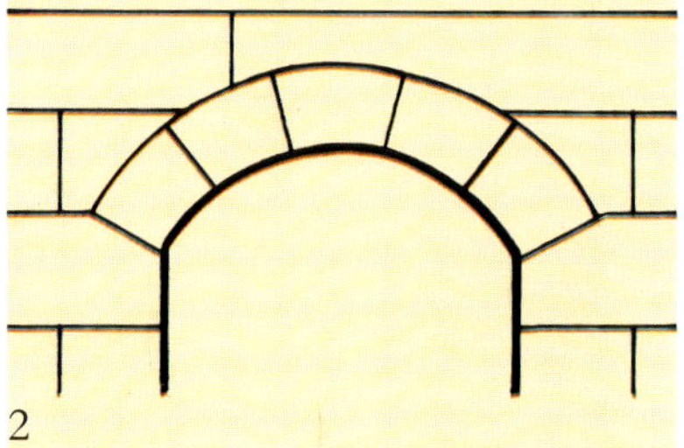

2

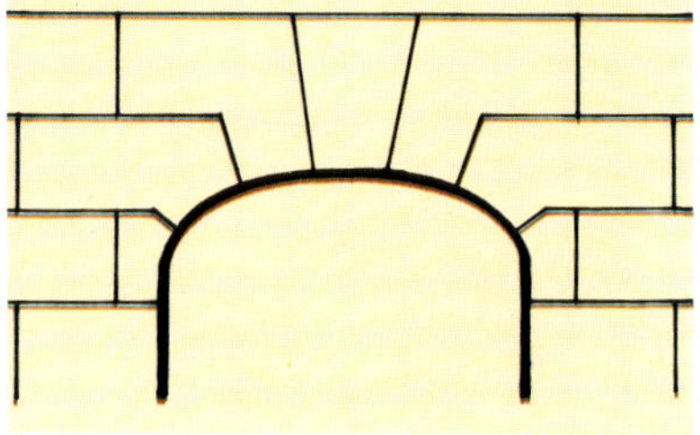

3

Eine weitere Überbauungsmöglichkeit für Maueröffnungen (Türen, Fenster etc.) sind Bögen aus Bogen- oder Gewölbesteinen und einem Schlußstein. Bögen gibt es in zahlreichen Formen. Sie sind kennzeichnend für den jeweiligen Stil einer Epoche: Romanik, Gotik etc.

Der Rundbogen

Er besteht aus einem perfekten Halbkreis. Zeichnen Sie dazu die Waagerechte AB in der gewünschten Breite, und schlagen Sie einen Halbkreis um deren Mittelpunkt O.

Unterteilen Sie den Halbkreis in die gewünschte Anzahl von Steinen, und verbinden Sie die Teilungspunkte mit O. Die Oberkante der Bogensteine werden von einem zweiten Halbkreis begrenzt.

Bogensteine mit Verkröpfung sind möglich (siehe Beispiel 1).

Der Stichbogen

Unter Stichbogen versteht man eine ganze Reihe von abgesenkten Bögen, deren Mittelpunkt stets unter der Waagerechten AB liegt.

Bestimmen Sie zunächst die Punkte A, B und C. Verbinden Sie AC, und errichten Sie in der Mitte N eine Senkrechte, welche die Achse im Punkt O schneidet und den Mittelpunkt des zu zeichnenden Kreisabschnittes angibt.

Bogensteine können verwendet werden (siehe Beispiel 2).

Korbbogen

Bestimmen Sie zunächst die Punkte A, B und C. Zeichnen Sie den Halbkreis mit dem Radius OA. Verbinden Sie AC und BC. Schlagen Sie einen Kreis in C mit dem Radius CD, um die Punkte M und N zu erhalten.

Ziehen Sie die Mittellote von AM und BN, die im Schnittpunkt mit der Waagerechten AB in O1, O2 und O3 das Zentrum der drei zu zeichnenden Bögen ergeben.

Bogensteine mit Verkröpfung sind möglich (siehe Beispiel 3).

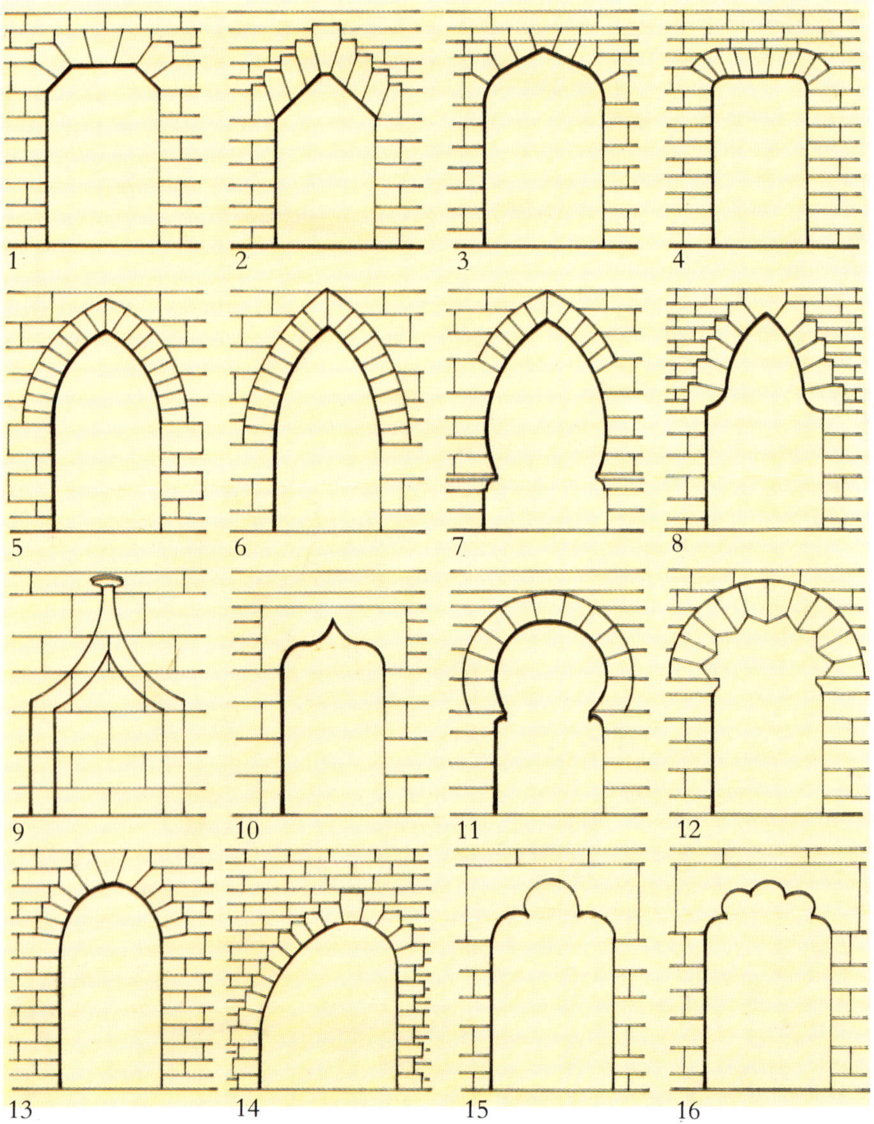

Verschiedene Bögen

1. Abgewinkelter Sturz
2. Giebelbogen
3. Tudorbogen
4. Senkbogen
5. Spitzbogen
6. Lanzettbogen
7. Unten eingezogener Lanzettbogen
8. Konvexbogen
9. Vorhangbogen
10. Kielbogen
11. Hufeisenbogen
12. Sternbogen
13. Parabelbogen
14. Hüftbogen
15. Dreipaßbogen (Kleeblattbogen)
16. Fünfpaßbogen

Halbsteinverband aus nuancierten Steinen (vor Anlage der Fugen) sowie zugemauertes imitiertes Fenster mit Spitzbogen

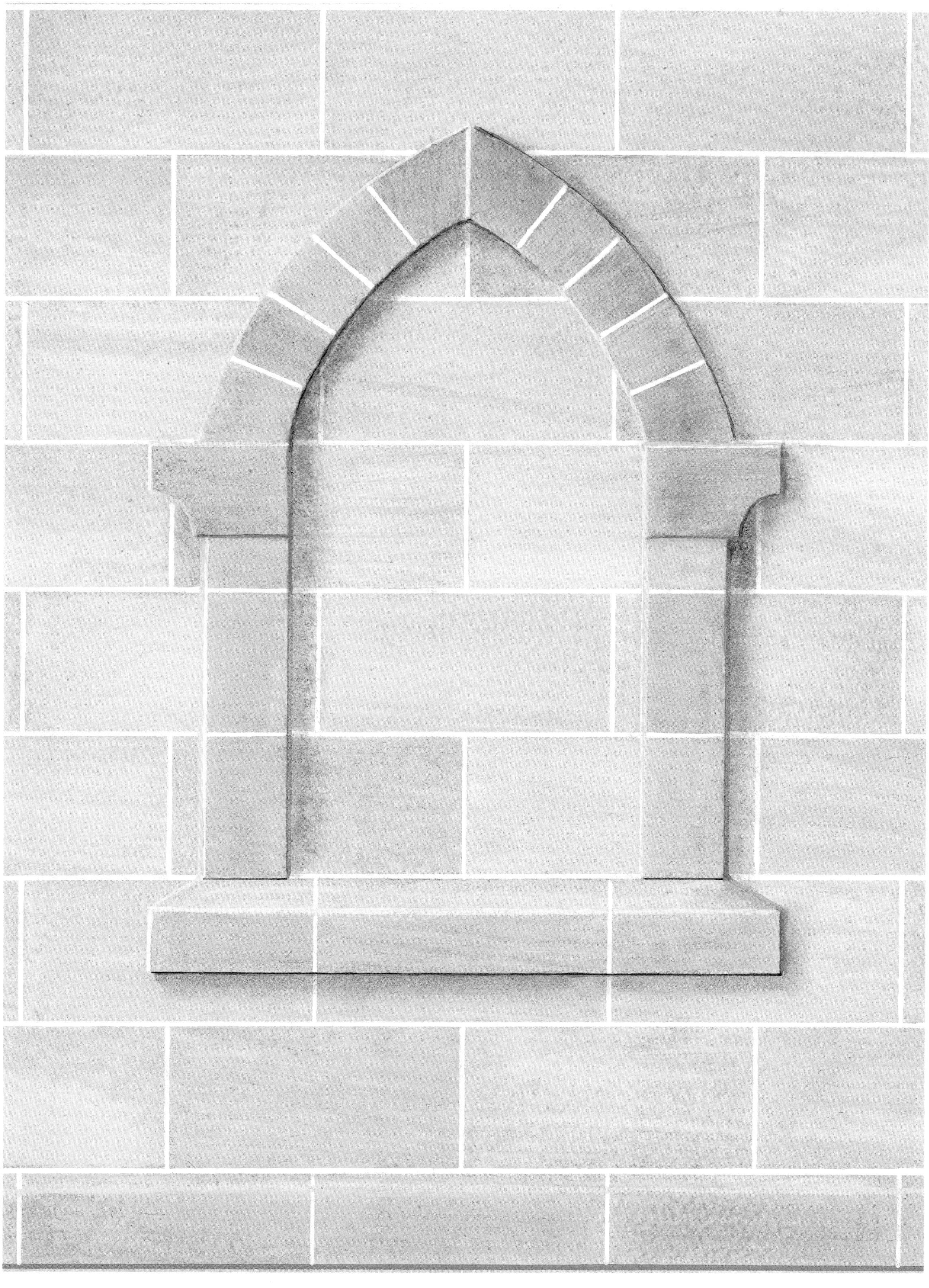

Formen und Bauteile aus Stein

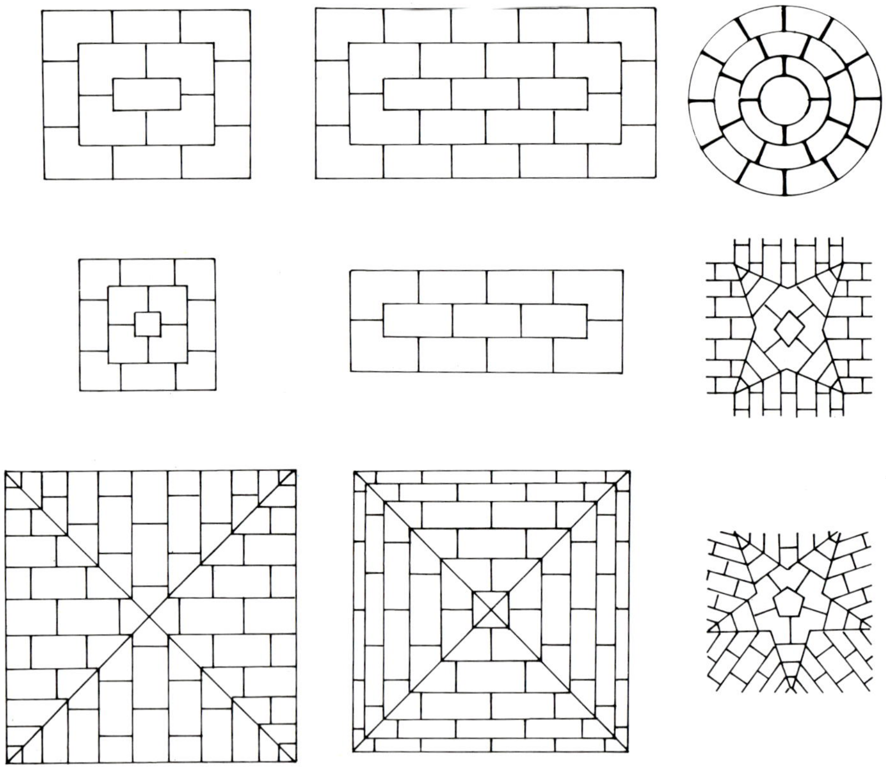

Gewölbe
Gemauerte Gewölbe sind je nach ihrer flachen, tonnenförmigen oder gemischten Form unterschiedlich zusammengesetzt.

Nebenstehend finden Sie einige Beispiele.

Balustraden
Sie bestehen aus zahlreichen kleinen Säulen, die sich zu einer Art Steinzaun ordnen.
Es kann außerordentlich reizvoll sein, eine Steinbalustrade als Trompe l'oeil in ein Wandgemälde aufzunehmen.
Siehe Beispiele gegenüber.

Ausführung:
Nachdem man das Wandbild gut vorskizziert oder ganz gemalt hat, stellt man die Vorzeichnung für die Balustrade her, die meistens im Vordergrund liegt.
Ziehen Sie die – leicht zu entfernenden – waagerechten Linien für die Oberkante und den Sockel. Unterteilen Sie beide für die senkrechten Baluster. Für deren Umrisse fertigt man entweder eine vollständige Schablone an, oder man stellt nur die halbe Säule dar und kehrt die Schablone entlang der jeweiligen Achse um, damit eine perfekte Symmetrie entsteht.

Beispiel für einen Verband aus behauenen Steinen um ein ovales Ochsenauge.
(Geordnete Bruchsteine siehe Seite 66.)

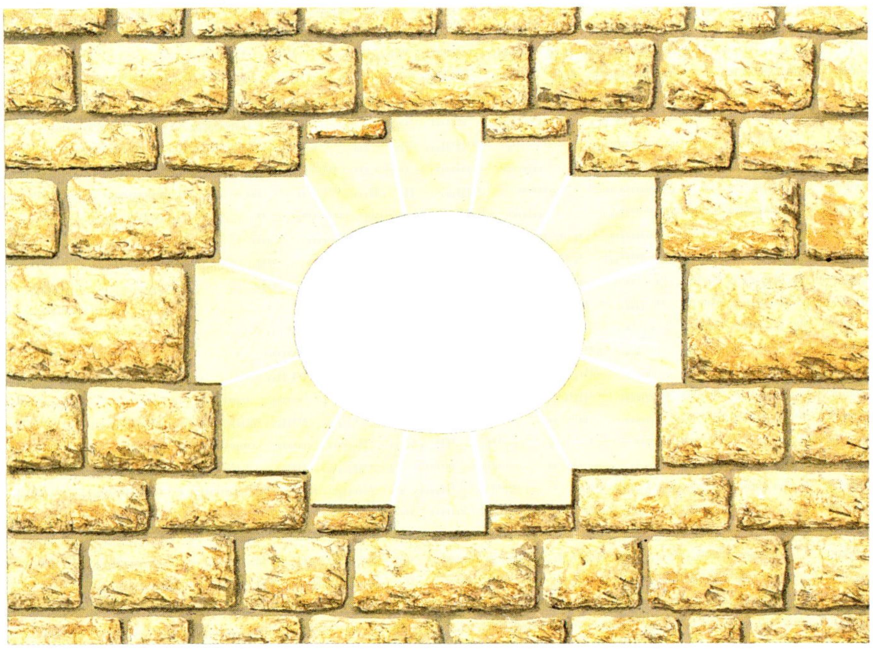

Ochsenauge
Runde oder ovale Maueröffnungen im oberen Abschnitt einer Fassade (Giebeldreieck, Frontgiebel) stellen ein dekoratives Element dar.

Foto einer alten Steinbalustrade als Begrenzung für eine Terrasse

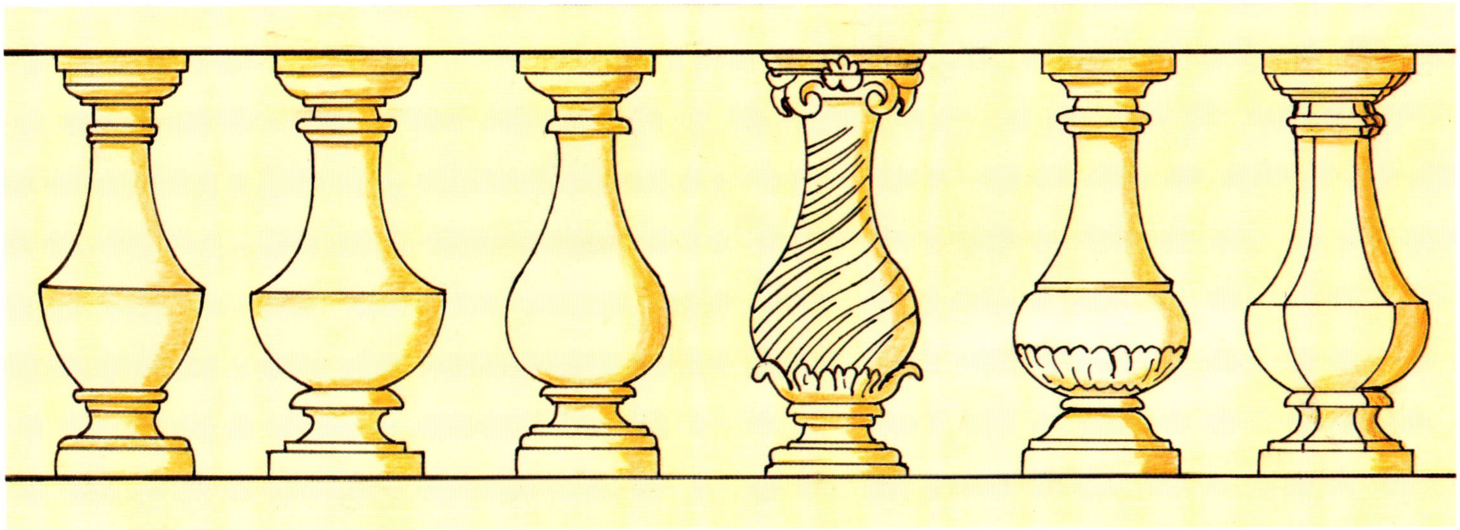

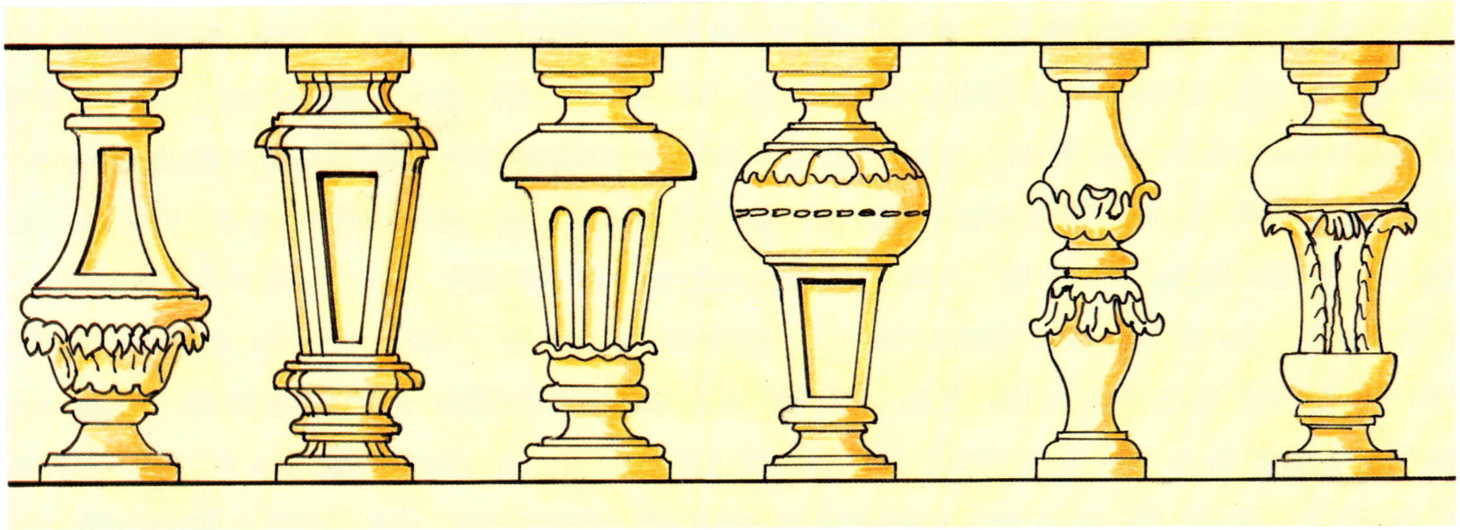

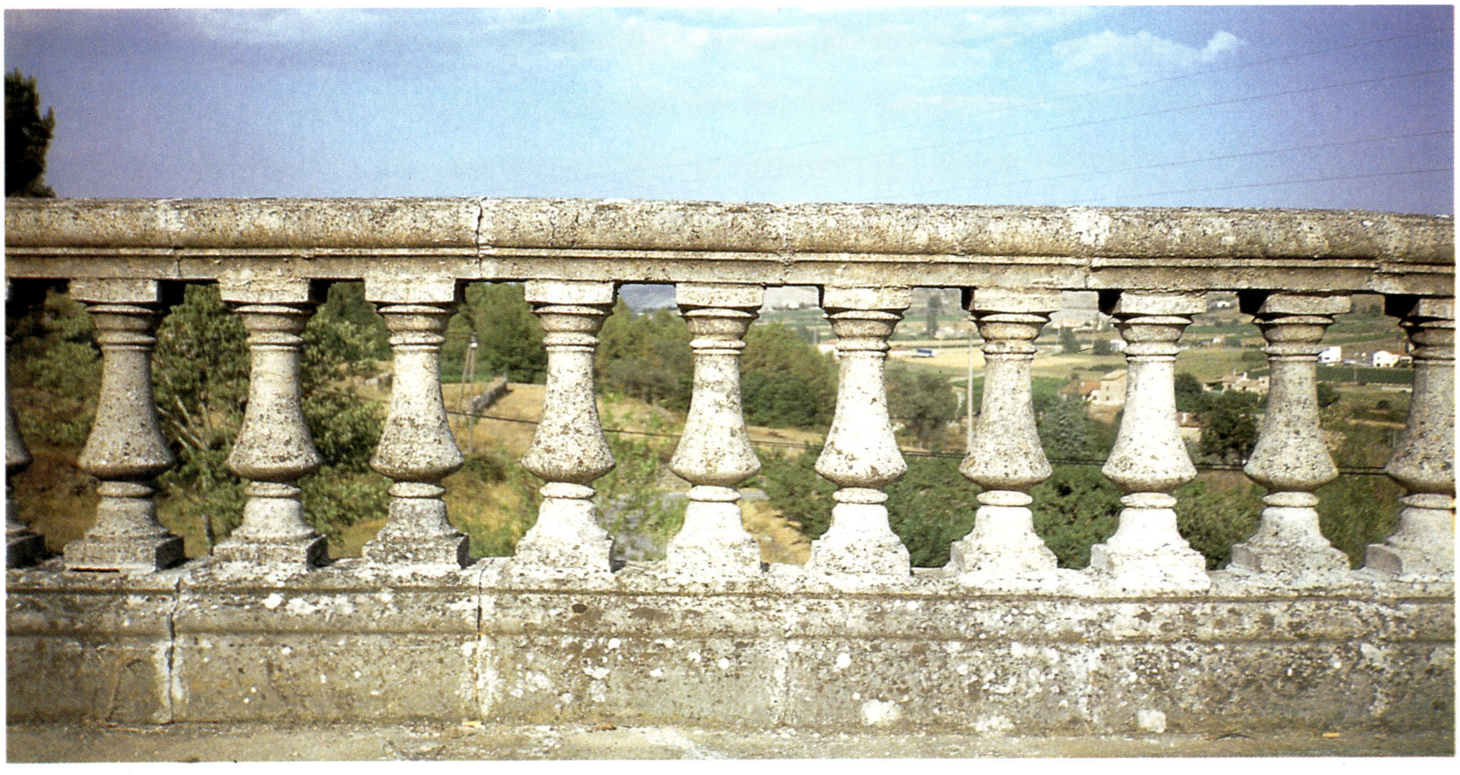

Verschiedene Mauerverbände

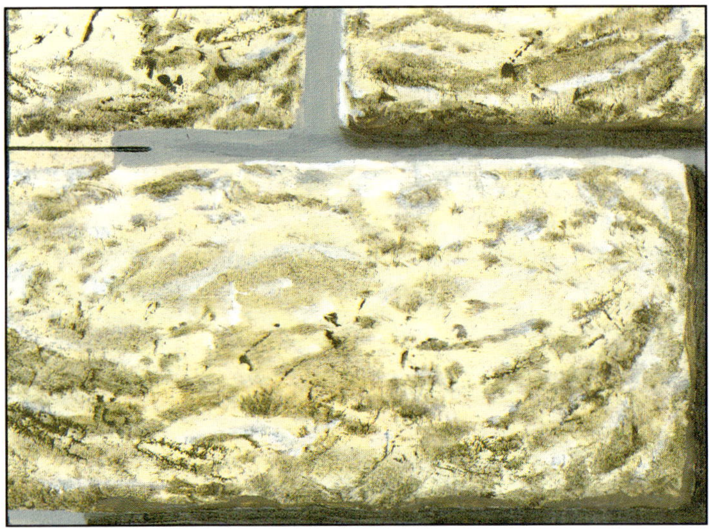

1

Durch Verwendung kleinformatiger Steine für den Mauerbau ergeben sich äußerst vielfältige Verbände.

Geordnete behauene Bruchsteine (Abb. 1 und 2)
Zeichnen Sie auf einem Steinton Ihrer Wahl gleichmäßige waagerechte Linien für die Lagerfugen und senkrechte Linien in unterschiedlichen Abständen für die Stoßfugen, mit denen Sie die Breite der Steine bestimmen.
Legen Sie anschließend mit einem Flachpinsel oder einem Modler einige Farbtupfer in einem dunkleren Ton als dem Grundton vor allem an die Unterkante der Steine. Lavieren Sie diese Partien mit einem Schwamm oder einem Pinsel.
Wiederholen Sie das Verfahren mit einem helleren Ton im oberen Abschnitt der Steine.
Ziehen Sie zum Abschluß mit Zementgrau die Fugen, und runden Sie die Ecken ein wenig ab.

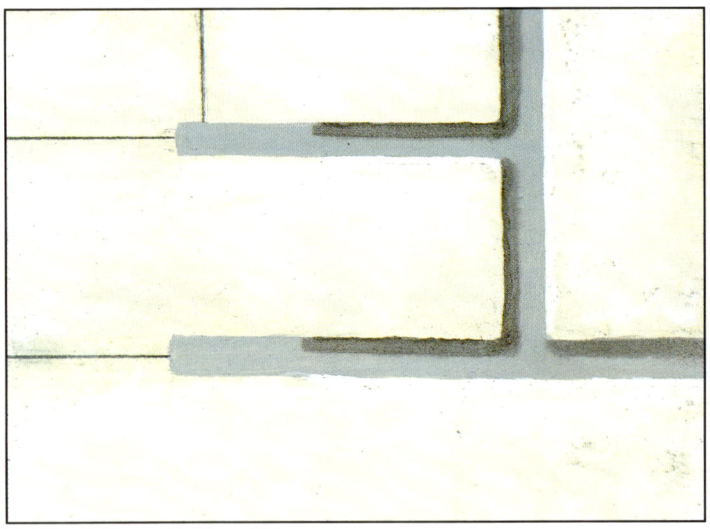

3

Moderner Verband für Mauersteine und behauene Bruchsteine (Abb. 3 und 4)
Zeichnen Sie auf einem Steinton Ihrer Wahl nach dem Muster gegenüber die rechtwinklige unterschiedliche Verteilung der Steine.
Für den geordneten Mauerverband halten Sie sich an die obigen Anweisungen (Beispiel 1).
Um behauene Bruchsteine darzustellen, fügen Sie nach Belieben leichte Nuancen und dunkelbraune Spritzer hinzu. Halten Sie sich dabei an die Anweisungen im Kapitel „Quadersteine".
Ziehen Sie zum Abschluß in Zementgrau die Fugen.

5

„Restaurierte" Bruchsteinmauer (Abb. 5 und 6)
Ziehen Sie die waagerechten Linien auf den hellen Steinton, und zeichnen Sie in jede Reihe gut verteilt die Umrisse der unregelmäßigen Steine.
Legen Sie einige feine Nuancen an, tupfen Sie eine sehr helle Körnung mit dem Schwamm auf, und fügen Sie einige weiße Spuren hinzu, welche die restaurierten Stellen und deren Säuberung wiedergeben.
Malen Sie zum Abschluß die unterschiedlich breiten Fugen rings um die Steine. Der Ton sollte dem des Untergrunds ähneln und an den Kalkanteil bei der Restaurierung von echten Fugen erinnern.

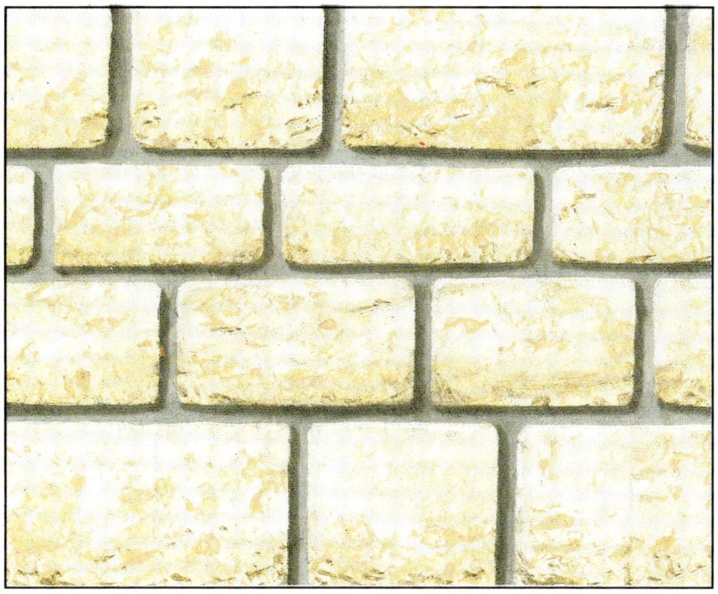
1

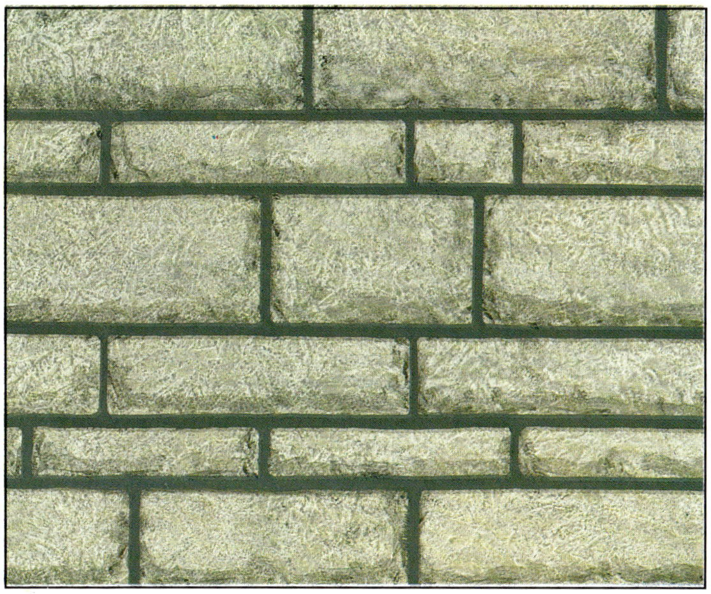
2

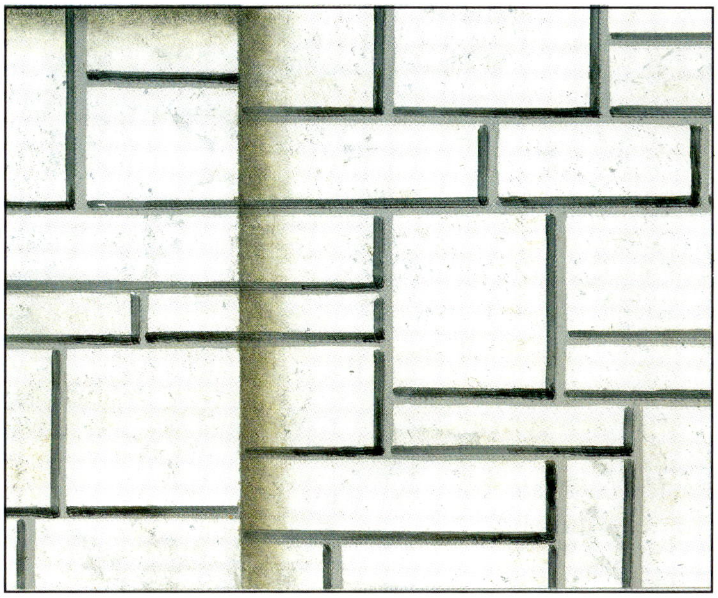
3

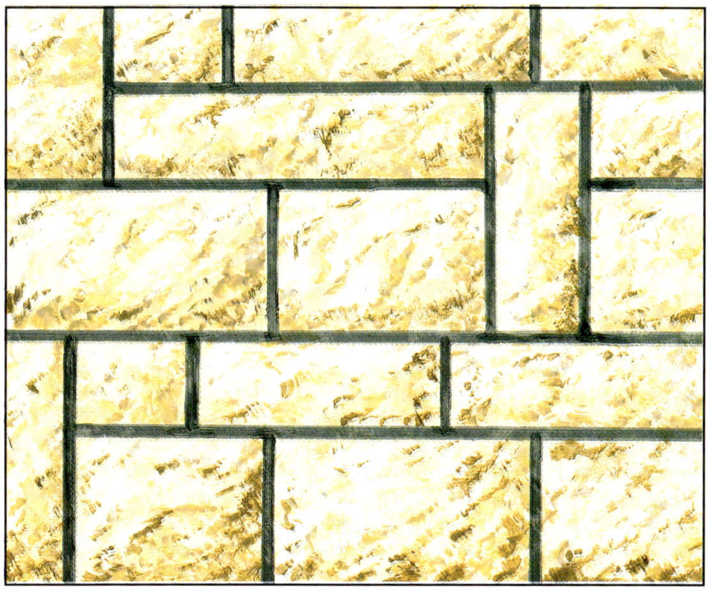
4

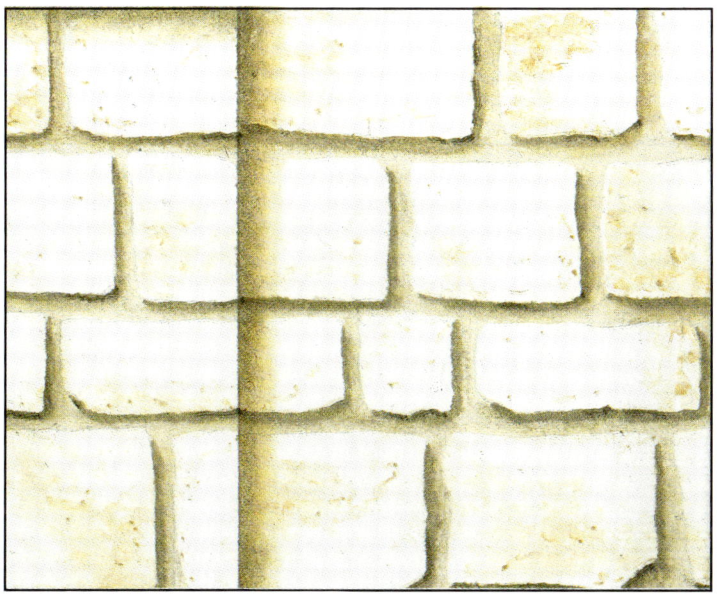
5

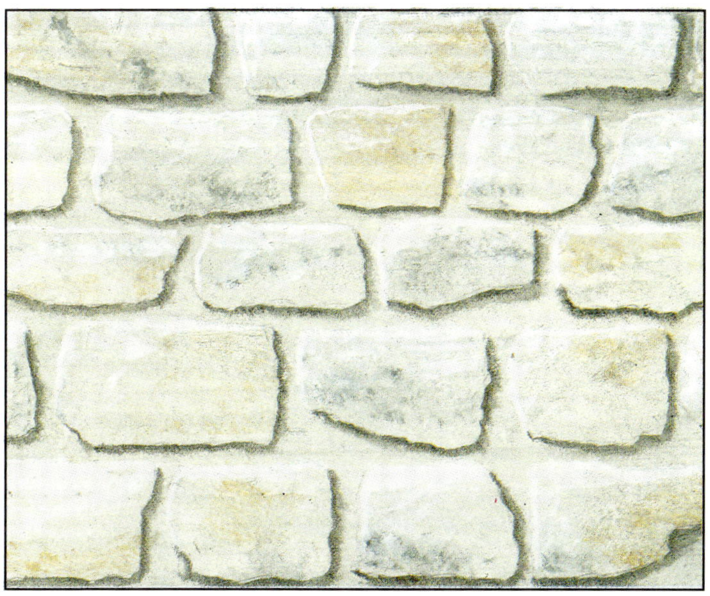
6

Verschiedene Mauerverbände und Steinarten

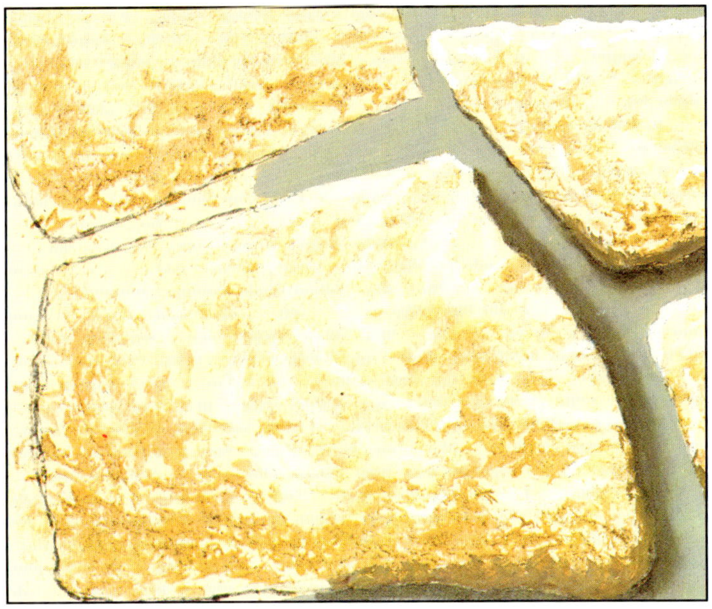

1

Unbehauene und behauene Bruchsteine als wilder Mauerverband „Opus incertum“ (1)
Zeichnen Sie die unterschiedlich geformten Steine aus freier Hand so verteilt auf den Grund, daß der Fugenabstand in etwa gleich bleibt.
Erzeugen Sie ein farbiges Profil nach dem Verfahren für geordnete Bruchsteine (S. 66).
Malen Sie zum Abschluß die unregelmäßigen winkligen Fugen.

Achtung: Das korrekte Schattieren der Fugen ist wichtig. Je nach gewünschter Wirkung trägt ein Schlagschatten an der Unterkante sehr zum realistischen Eindruck bei:
Ziehen Sie die Fugen für alle Verbände grundsätzlich in einer deckenden Farbe.
Legen Sie je nach angenommener Beleuchtung einen dunklen Lasurstreifen an die Unterkante der Steine.
Lavieren Sie die Streifen durch Stupfen mit einem Modler oder einem Rundpinsel, oder dämpfen Sie die Schatten sehr scharfer Ecken mit einem Strichzieher.

Bruchsteine als vieleckiger Mauerverband (2)
Zeichnen Sie aus freier Hand fünf- oder sechseckige Steine auf den Untergrund. Bemühen Sie sich um eine gute Zusammenstellung. Arbeiten Sie anschließend nach der Methode für geordnete Bruchsteine weiter (S. 66).

3

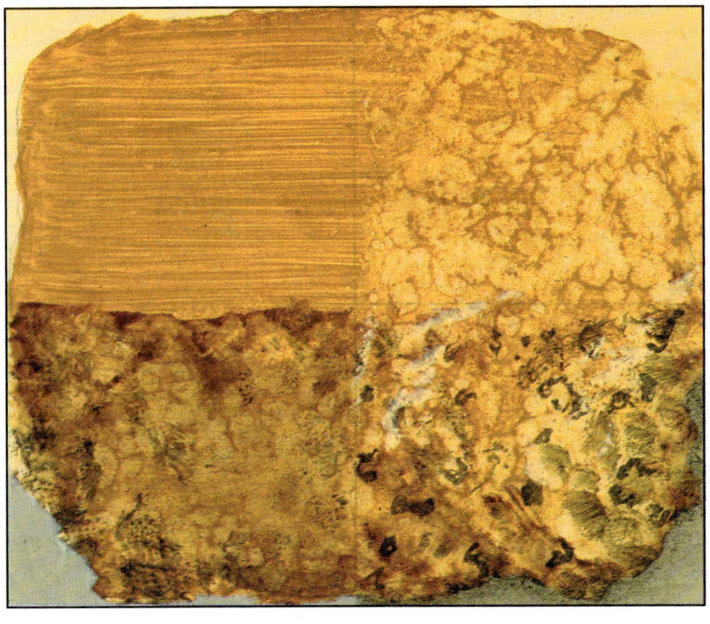

Kieseliger Kalkstein (3)
Dieser unregelmäßige, von zahlreichen Löchern durchsetzte Kalkstein zeichnet sich durch seine oxidgelbe bis rostbraune Färbung aus.
Grundton: Weiß und Lichter Ocker.
Zeichnen Sie die Formen der Steine mit einem Bleistift.
Legen Sie jeden Stein mit einer Lasur aus Siena natur und Siena gebrannt in unterschiedlichen Anteilen an.
Heben Sie Farbe mit einem Tuch wieder ab; stupfen Sie die Fläche mit einem in Wasser oder – je nach Farbart – Terpentin getauchten Schwamm.
Fügen Sie kleine helle Nuancen mit weißlicher, leicht ockerstichiger Lasur hinzu.
Betupfen Sie die Steine stellenweise mit einer Schwammecke und sehr dunkler Lasur aus Umbra natur und Umbra gebrannt, um die Vertiefungen darzustellen.
Malen Sie zum Abschluß die Fugen mit einem deckenden Zementton.

1. Bruchsteine als wilder Mauerverband

2. Bruchsteine als vieleckiger Mauerverband

3. Kieseliger Kalkstein als geordneter Mauerverband

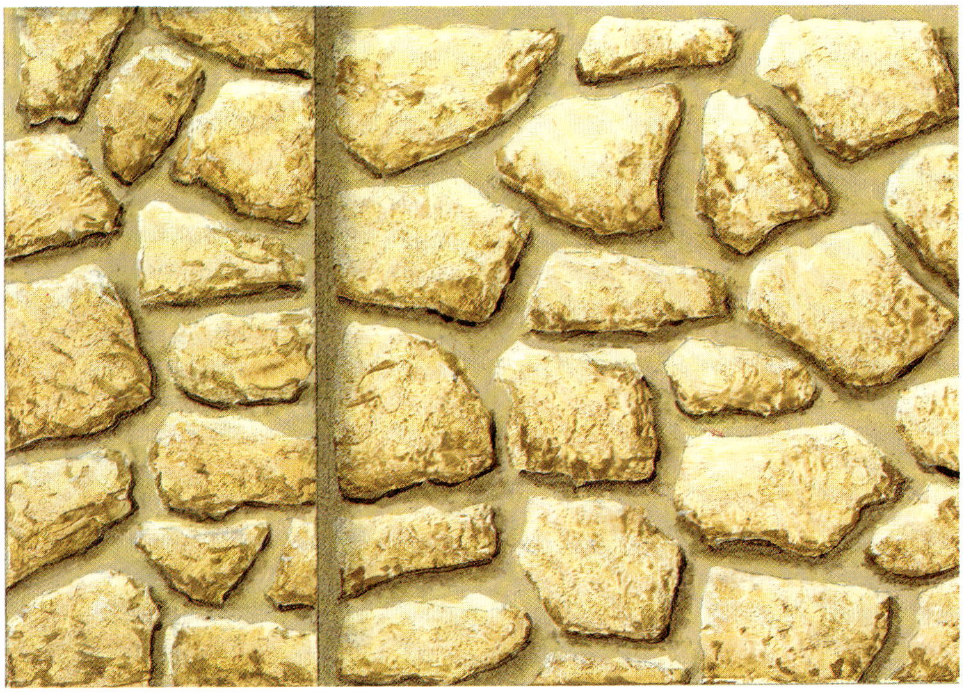

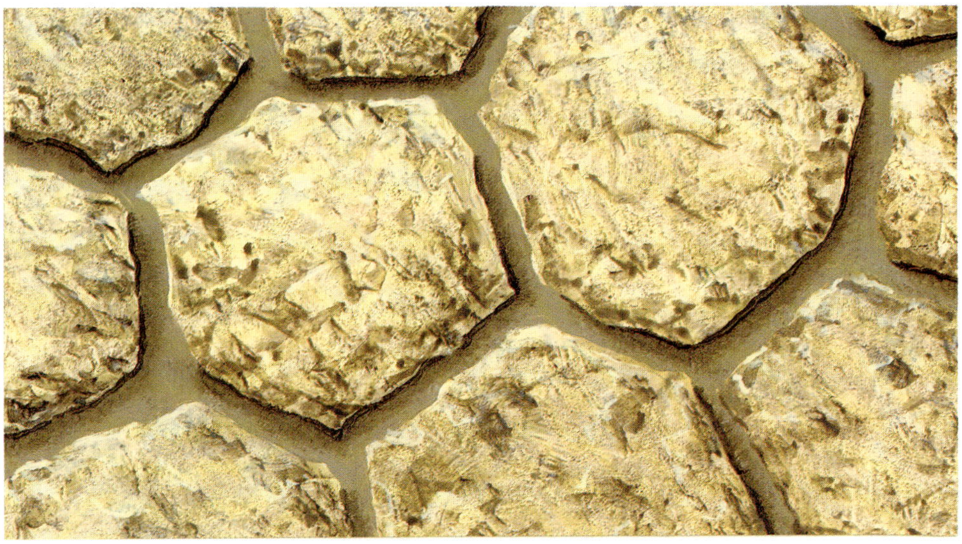

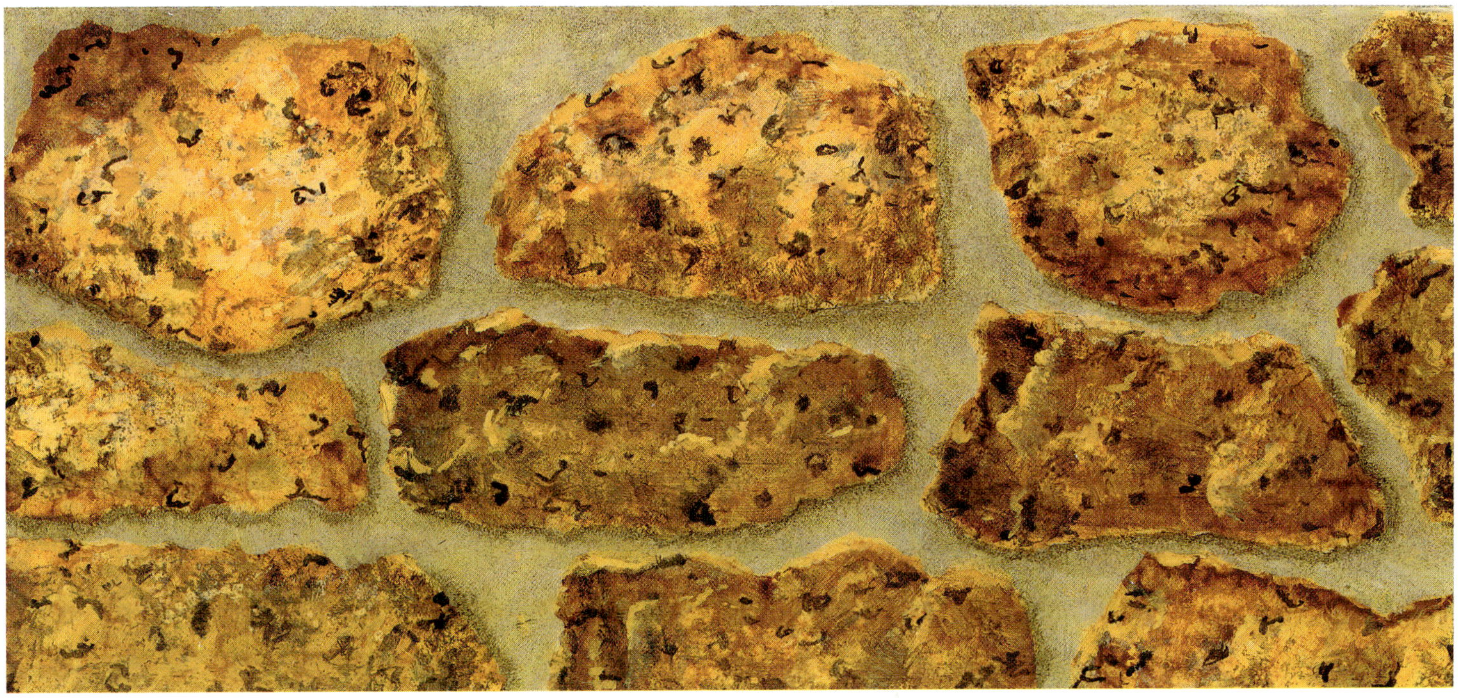

Verschiedene Steinarten

Die nachfolgenden Steine erfordern eine Vorzeichnung wie für Quadersteine. Man kann sie auch als viereckige Platten ähnlich wie Fliesen darstellen.

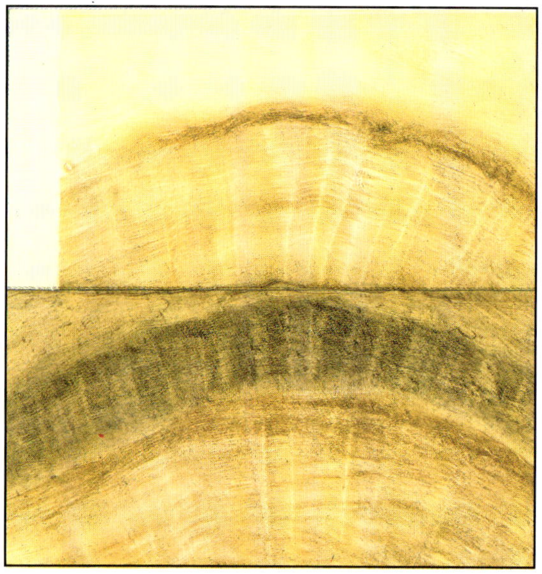

1

Steine mit bandartiger Äderung (1)
Je nach Herkunft weisen manche Steine eine farbige Äderung auf, die sich wie Bänder schlängelt.
Grund: Steinton in Gelb, Beige, Hellgrau oder Weiß.
Überfangen Sie jeden Stein mit einem farblosen Überzug.
Legen Sie die Adern in einer dem Grundton ähnlichen Farbe auf jedem Stein einzeln an.
Stellen Sie unmittelbar darauf mit einem kleinen Modler die Wimmerungen dar.
Beenden Sie die Arbeit mit einigen farbigeren parallelen Linien in derselben Richtung.

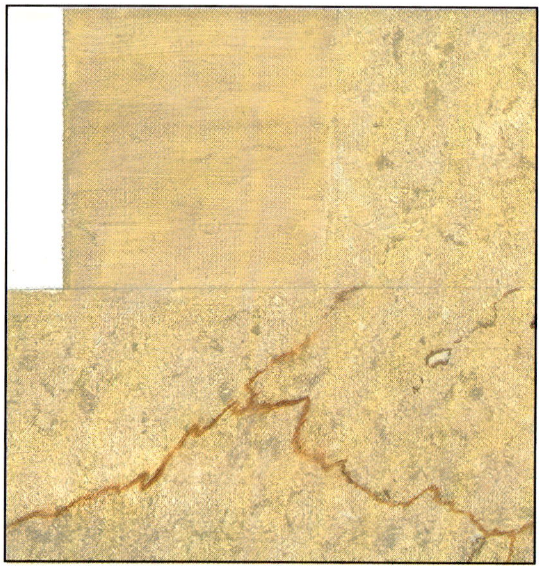

2

Solnhofer Kalk (2)
Beiger Baustein, den man als Ergänzung für lebhafte Effekte verwendet.
Grundton: Weiß oder Hellbeige.
Überziehen Sie die Fläche mit einer leicht deckenden beigen Lasur (Weiß, Lichter Ocker, Rotocker, Schwarz).
Tüpfeln Sie die Fläche mit Hilfe eines Naturschwamms zunächst stellenweise mit Hellbeige und anschließend mit Dunkelbeige.
Ziehen Sie mit der Spitze eines Rotmarderpinsels sehr sauber zwei oder drei Adern hinein (Siena natur und Siena gebrannt).
Beenden Sie die Arbeit mit einigen hellen Tupfern für Fossilien sowie einigen dunkelbeigen Linien als Umrandung der kornartigen Strukturen.

3

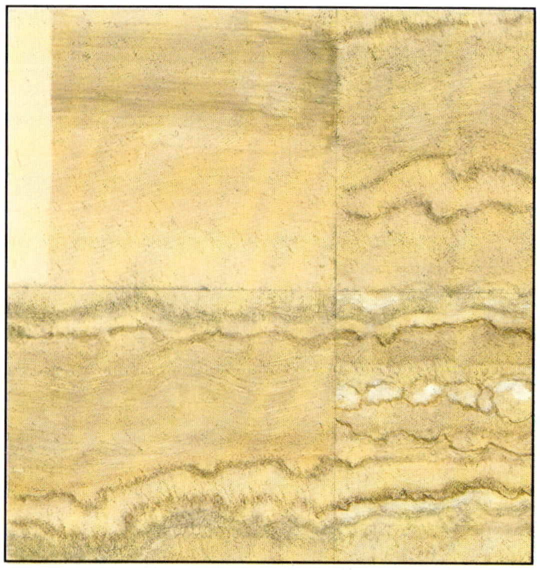

Travertin (3)
Kalkablagerung mit starker Äderung, hervorgerufen durch die unterschiedliche Fließrichtung von Sinterwasser (u.a. des Flusses Tivoli).
Grundton: Heller Ton (Weiß, Oxidgelb sowie eine Spur Umbra natur).
Überziehen Sie die gesamte Fläche mit einer deckenderen Lasur aus Beige und Gelb.
Malen Sie zwei oder drei farbige Streifen mit einem schmalen Flachpinsel hinein, und lavieren Sie diese mit dem Vertreiber.
Farben für die Adern: Lasurfarbe Umbra natur und eine Spur Umbra gebrannt, Lasurfarbe Siena natur und eine Spur Schwarz.
Legen Sie anschließend mit der Spitze des Rotmarderpinsels gerade und gewundene Linien nach dem Muster in der Abbildung gegenüber an.
Schließen Sie die Arbeit mit hellen Flecken als Imitation für die bei echtem Stein mit beigem Steinkitt verspachtelten Vertiefungen ab, und umreißen Sie diese mit einer feinen Linie in Braunocker.

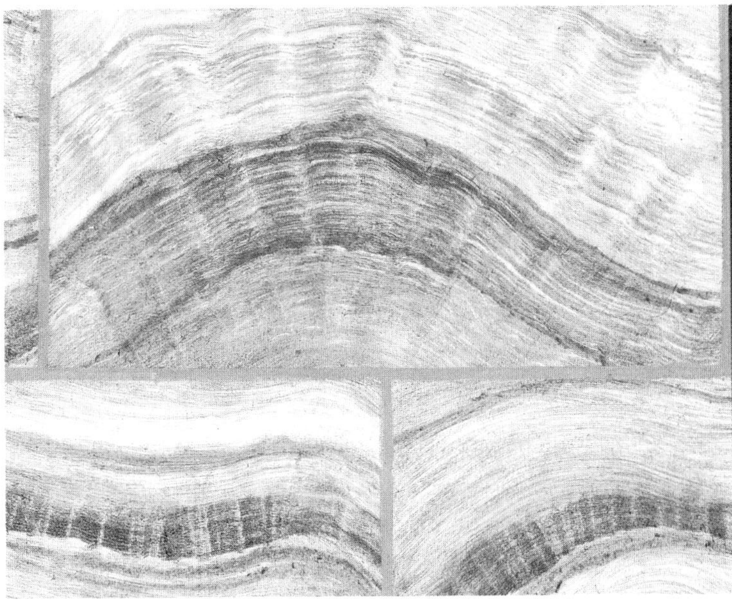

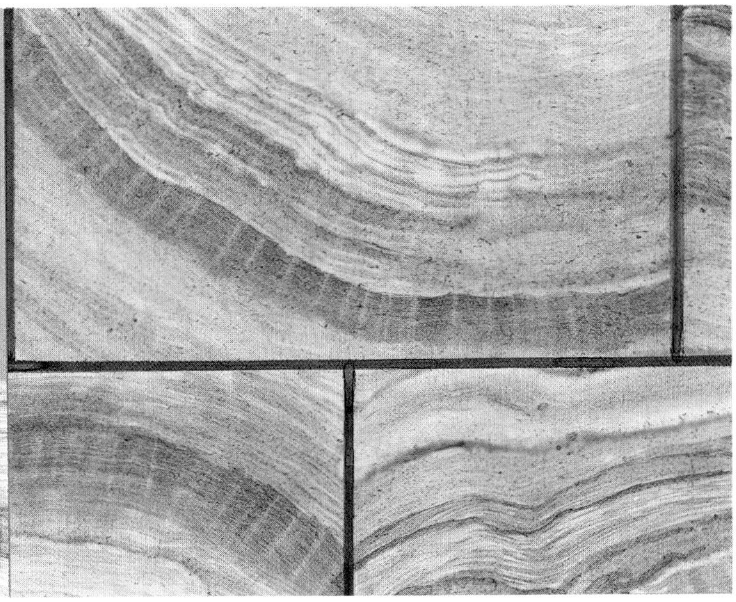

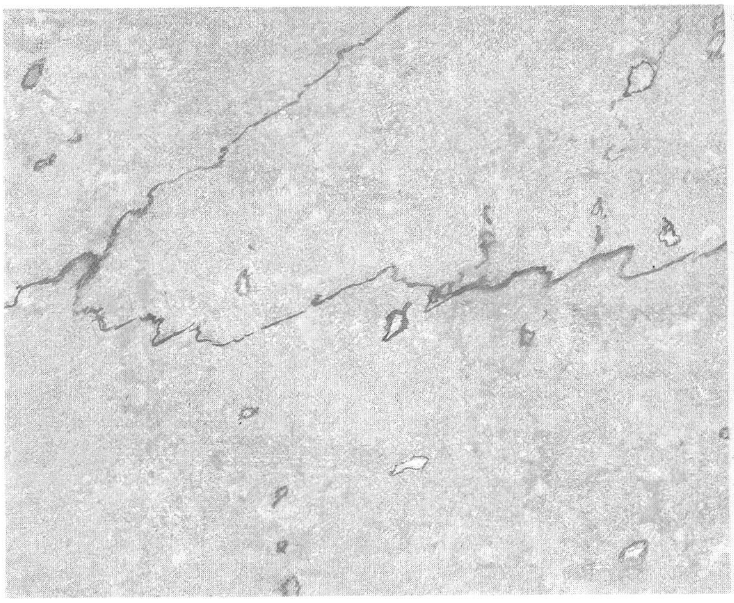

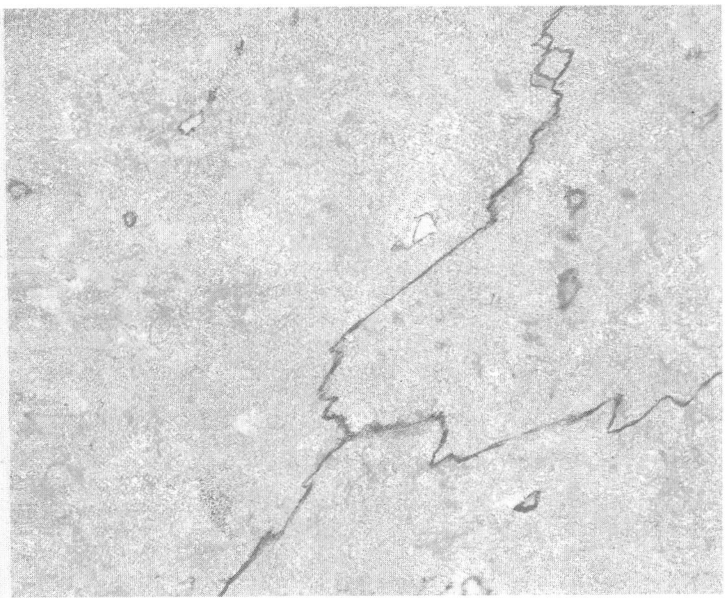

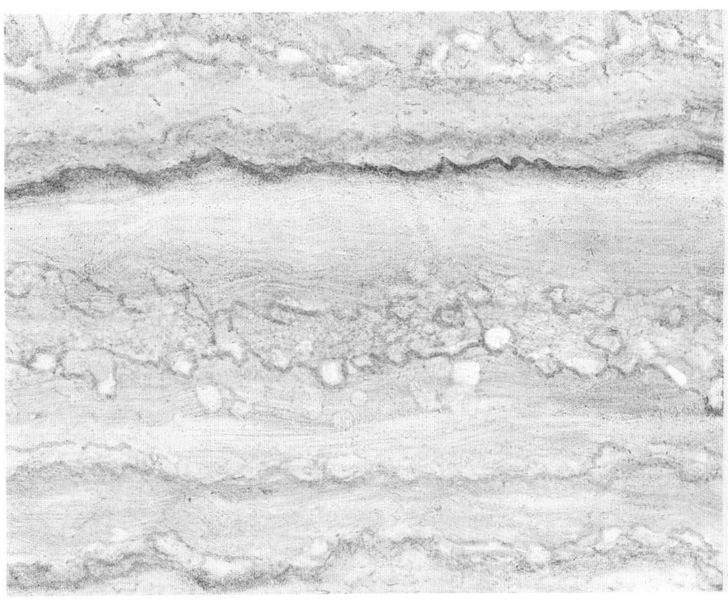

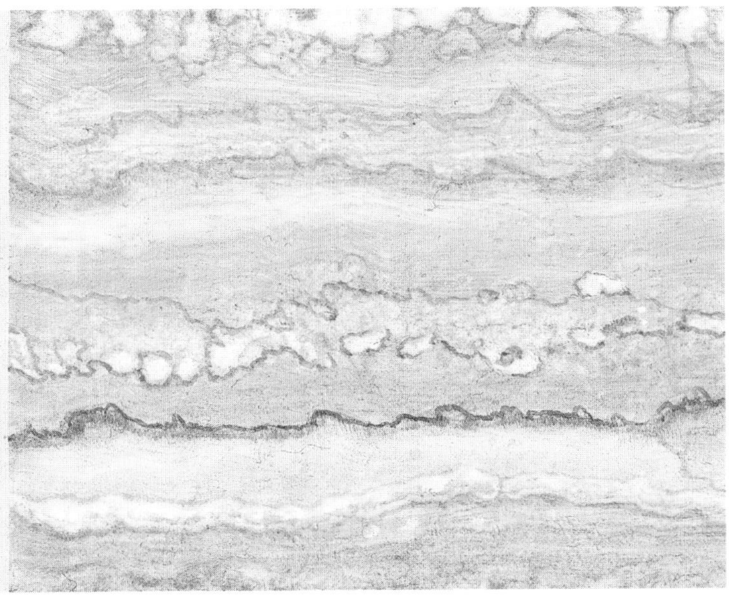

Imitation von Bronze

Echte Bronze, eine Legierung aus Kupfer und Zinn, wird in der Innendekoration für unterschiedliche Zwecke verwendet: Bronzeplastiken, Kronleuchter, Lampen etc.
Im Rahmen der dekorativen Malerei kann man sämtlichen Flächen durch Bearbeitung mit Bronzepigmenten ein metallähnliches Aussehen verleihen.
Unter den Begriff Imitation von Bronze fallen auch jene Verfahren, die ein silbriges oder goldenes Erscheinungsbild ergeben.
Bronzen sind in unterschiedlicher Form erhältlich:

- Bronze-Feuchtpasten in Dosen,
- Bronzepulver mit und ohne Bindemittel oder gesondertem Speziallack,
- Spray,
- Gouachen, Tinten, Acrylfarben, metallisierendes Patinierwachs etc.

Abgesehen von Bronze-Feuchtpasten, sind alle Produkte und deren Aufstriche empfindlich gegenüber Feuchtigkeit. Ein Schlußüberzug verlängert die Haltbarkeit des Anstrichs, geht jedoch zu Lasten der Brillanz.

1. Deckender Bronzeauftrag
Direktes Auftragen der Bronze mit dem Pinsel ist kleinformatigen Arbeiten vorbehalten: erhabene Ritzer, kleine Ornamente etc.
Auf größeren Flächen (zusammenhängende Partien, größere Objekte etc.) geht die hohe Brillanz durch die Pinselspuren verloren. Man muß daher auf das traditionelle Verfahren des Mixtionauftrags zurückgreifen. Für gewöhnliche Arbeiten kann die Verwendung von Spray angezeigt sein.

2. Patinierte Bronze
Durch Überziehen der deckenden Bronzeaufstriche mit einer Patinalasur erreicht man ein realistischeres, unaufdringlicheres Erscheinungsbild.

3. Betonungen durch Bronzepulver
Bei dieser Technik wird Bronzepulver nur an bestimmten Stellen aufgetragen. Diese treten stärker hervor und erzeugen dekorative metallische Reflexe.

4. Effektbronze
Bei dieser Technik imitiert man die Bronze ausschließlich mit Ölfarben und Öllasuren in den entsprechenden Nuancen. Der Hauptgrund ist die Haltbarkeit dieser Arbeiten, weil keine nachträglichen Veränderungen aufgrund der sonst verwendeten Metallpigmente auftreten können.

5. Diverse Metalleffekte
Mit Hilfe von Bronzepulver lassen sich noch weitere Spezialeffekte erzielen, die hier aufgeführt werden müssen.

Bronzepulver
Hauptnuancen (untereinander mischbar) von links nach rechts und oben nach unten: Bleichgold, Gelbgold, Gold zitron, Dunkelgold, Medaillengold, Aluminium, Silber, Kupfer.

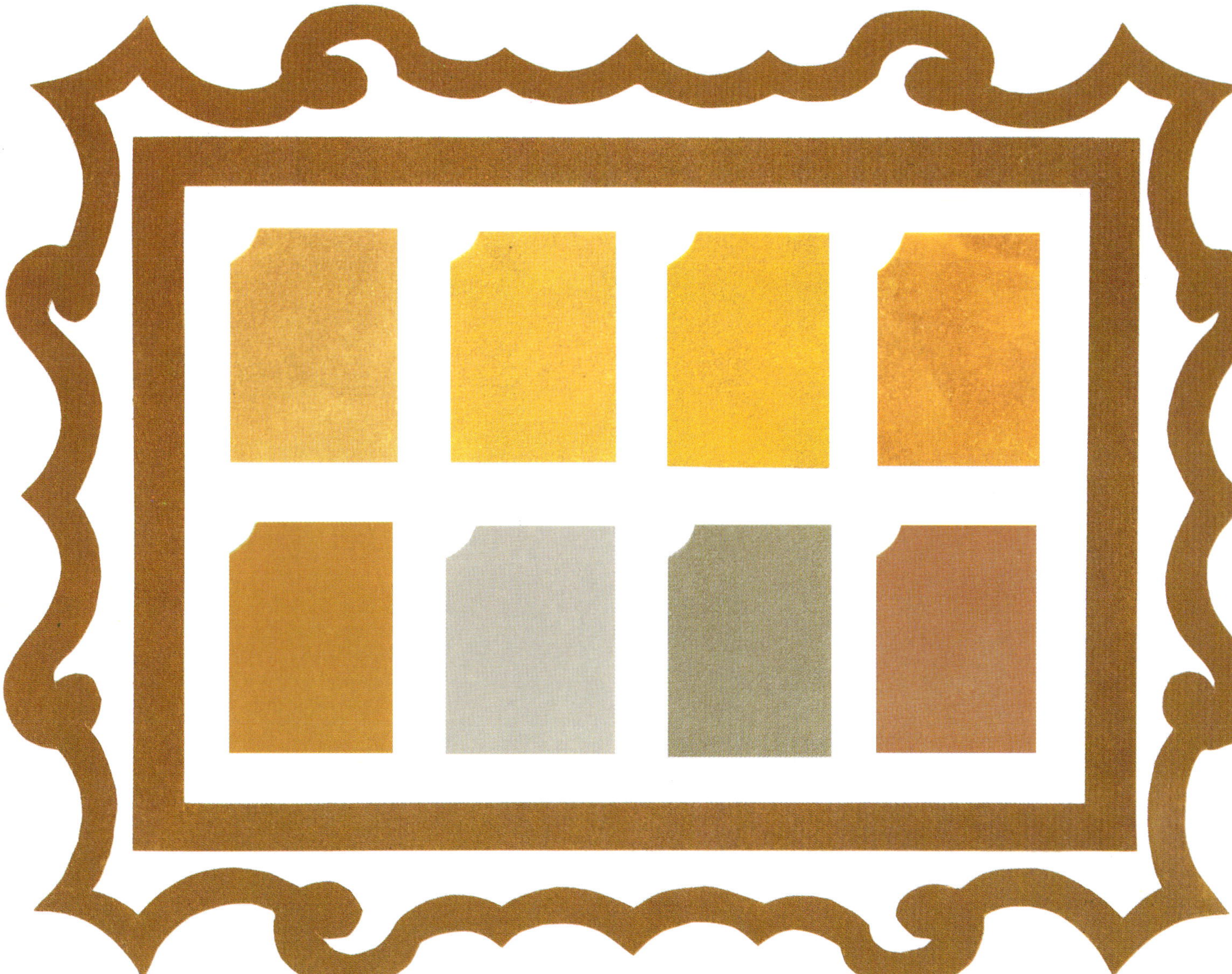

Deckender Bronzeauftrag

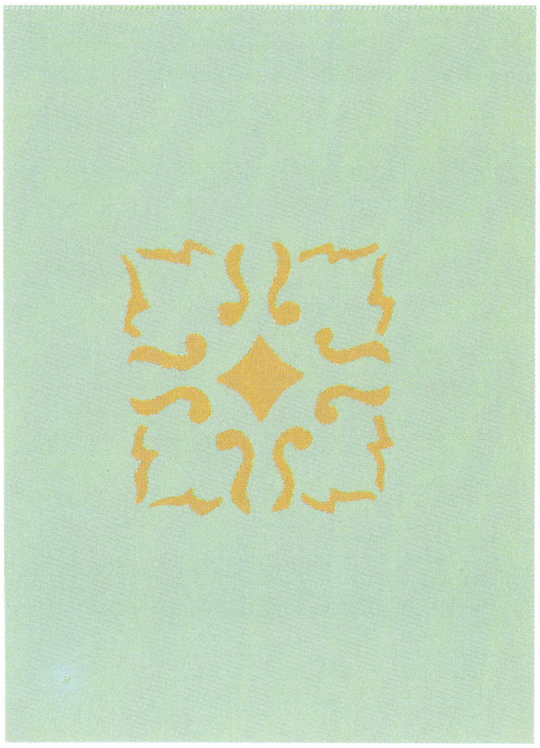

Bei dieser Arbeit wird die gesamte Fläche mit Bronze bedeckt, so daß eine gleichmäßige metallische Wirkung in der gewählten Nuance entsteht.

Auftragen von Bronze mit dem Pinsel
Dieses Verfahren, für das man in einem Bindemittel angerührtes Bronzepulver benötigt, liefert bei folgenden Arbeiten ausgezeichnete Ergebnisse: schmale dekorative Linien und Streifen, ineinander verschlungene Linien, kleine Ornamente (auch mit einer Schablone hergestellt), Betonungen auf Reliefs, kleinformatige Gegenstände etc.
Ein Überfangen ist nicht erforderlich.
Auf größeren Flächen beeinträchtigen Pinselspuren die gewünschte gleichmäßige Wirkung.

Auftragen von Bronze mit Speziallack (Mixtion)
Diese professionelle, allerdings auch heiklere Methode liefert ein ausgezeichnetes Ergebnis. Sie eignet sich für folgende Arbeiten: gleichmäßige Flächen, Stuckteile, Rahmen, Skulpturen, Objekte, kleine Möbel etc.

Grundprinzip:
Legen Sie zwei Untergrundanstriche mit brillantem oder seidenglänzendem Lack in einem Farbton nahe dem Bronzeton an.
Überziehen Sie die Schicht gleichmäßig mit „12-Stunden-Mixtion". Achten Sie besonders auf Fehlstellen (sog. „Feiertage").
Mischen Sie das Bronzepulver am folgenden Tag zu gleichen Teilen mit Wasser und Spiritus, und tragen Sie die Mischung auf das noch nicht ganz trockene Mixtion.
Achtung: Bei kleinen Arbeiten im Atelier kann das Bronzepulver auch mit einem weichen Pinsel direkt auf das Mixtion gepudert werden. Den Pulverüberschuß fängt man auf, indem man ein Blatt Papier unter das zu bearbeitende Objekt legt.
Polieren Sie Ihre Arbeit nach der Trocknung des Mixtions leicht mit einem Wattebausch oder einem weichen Pinsel.

Einige Anmerkungen:
- Eine Schicht Klarlack kann das Verfärben der Pigmente erheblich hinauszögern, geht aber zu Lasten der Brillanz.
- Für einfache Oberflächen oder schnelles Arbeiten kann man auch sprayförmige Bronze verwenden. Halten Sie sich hinsichtlich des Untergrunds an die Gebrauchsanweisung (meistens mattweiß).

Beispiele für aus freier Hand unmittelbar mit dem Pinsel aufgetragene Goldbronze für Ornamente (Pulver plus Bindemittel) sowie dekorative Ritzer

Geschnitzte Profilleiste mit Bronze- oder Bleichgoldpulver auf zuvor angelegtem Mixtion

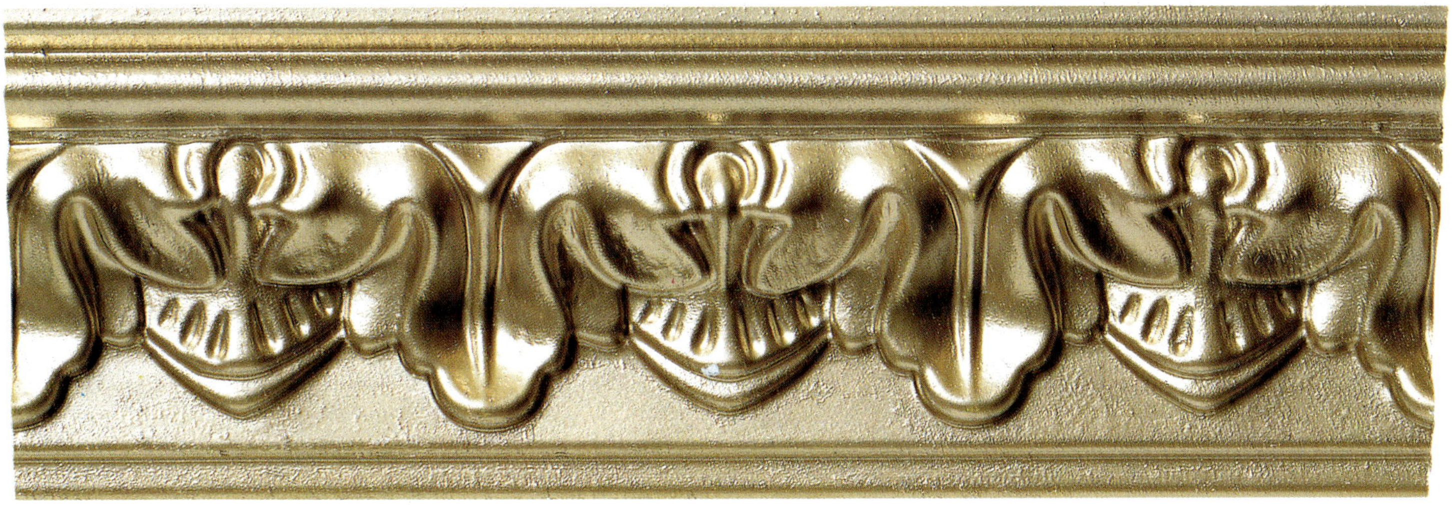

Patinierte Bronze

1

2

3

4

5

6

7

8

Das künstliche Altern von Bronzeimitationen erfolgt durch Patinieren mit einer Lasur, die man auf den Bronzegrund aufträgt. Um die Oxidation der metallischen Fläche zu verhindern, muß diese zuvor durch eine Lackschicht geschützt werden.

Grundprinzip für alle nachfolgenden Arbeiten: Legen Sie einen deckenden Grund aus Bronze an. Überziehen Sie diesen mit einer Lackschicht (Schellack oder verdünnter farbloser Alkydharzlack).
Fertigen Sie die Alterungspatina aus einer entsprechend getönten Lasur an. Schützen Sie Ihre Arbeit mit einem Schlußüberzug (hochglänzend, seidenglänzend oder matt).

Beispiele für die Kolorierung (ohne Anspruch auf Vollständigkeit):
1. Gelbbronze, gealtert mit einer Lasur in Umbra natur.
2. Schattierte, aufgefrischte Goldbronze mit einer Lasur aus Siena und Umbra gebrannt.
3. Durch Wasser oxidierte Goldbronze, bei der der Untergrund durchscheint. Die Bronze wird auf einen roten Grund aufgetragen und nach dem Trocknen durch Reiben mit Spiritus oder feinem Schmirgelpapier mit Gebrauchsspuren versehen.
4. Grünspanartige antikisierte Bronze mit gelbgrüner Lasur.
5. Dunkle antikisierte Bronze mit dunkelgrüner Lasur (Schwarz, Umbra natur, Echtgrün).
6. „Kanonen"-Bronze mit dunkler Lasur (Preußischblau und Schwarz) auf Aluminiumbronze, mit einem Tuch durchgezogen.
Andere Möglichkeit:
Aufgeriebene Bronzelasur aus Aluminiumpigmenten auf stahlblauem Grund.
7. Aluminiumbronze mit leichter Lasur aus Elfenbeinschwarz.
8. Silberbronze mit leicht gelblicher Lasur (eine Spur Siena natur und Chromgelb mittel).

Anmerkung:
In Vertiefungen mit dunkler antiker Bronze kann man zum Beispiel mattes Schweinfurter Grün aus verdünnter Acrylfarbe legen.
Siehe Maske, Einbandrückseite.

Gealterte Goldbronze
(Verfolgen Sie die einzelnen Schritte des Verfahrens anhand des ovalen Bilderrahmens gegenüber.)
Vorbereitung für alle Beispiele:
Grundierung und Anstrich mit dem Pinsel.
Farbe des Grunds (Gelb) und Spezialhaftlack, zum Beispiel Mixtion.
Auftragen der Goldbronze und Polieren.
Schutzüberzug und Alterungspatina.

Goldbronze auf Wasserbasis
(Siehe rechte Hälfte des Rahmens)
Farbe des Grunds (Rot) und Mixtion.
Auftragen der Goldbronze mit Gebrauchsspuren auf dem Relief.
Schutzüberzug zum Abschluß.
(Nach Bedarf: Alterungspatina mit erneutem Schutzüberzug.)

Unten:
Gefäß mit schattierter, aufgefrischter Goldbronze

Gefäß mit dunkler antiker Bronze

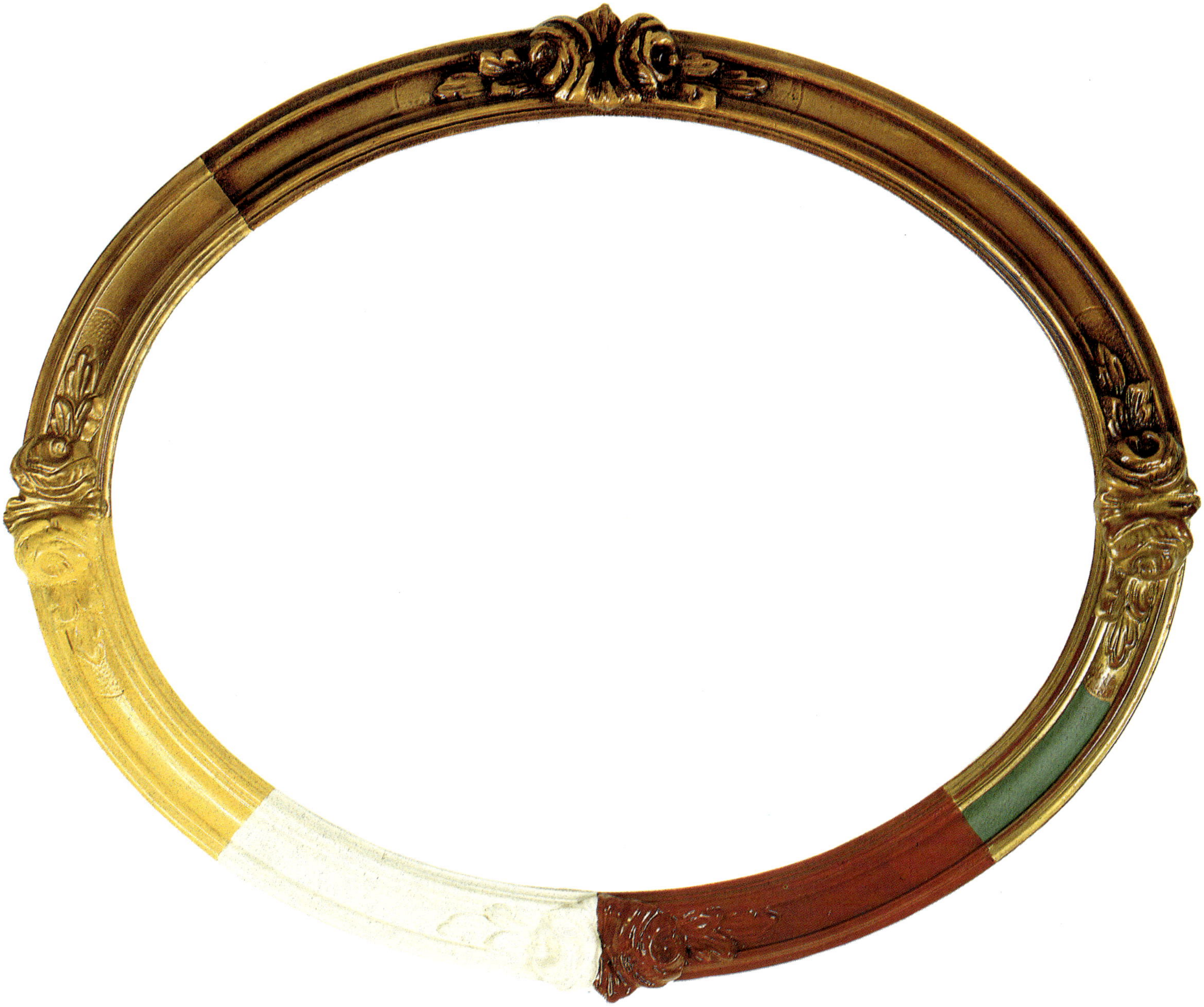

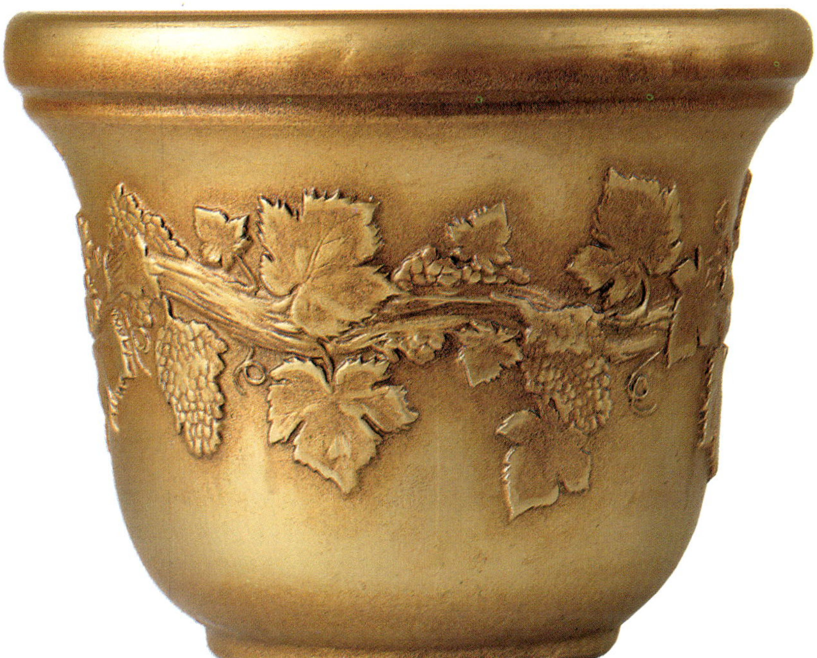

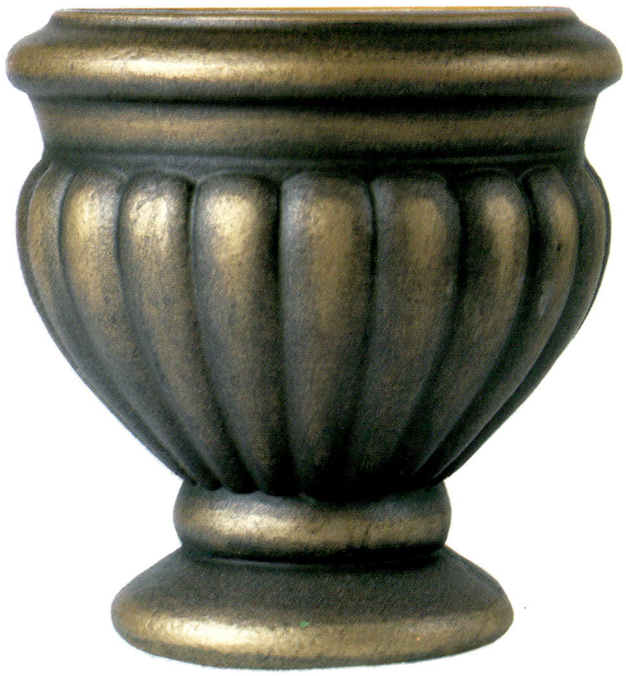

Betonung durch Bronzepulver

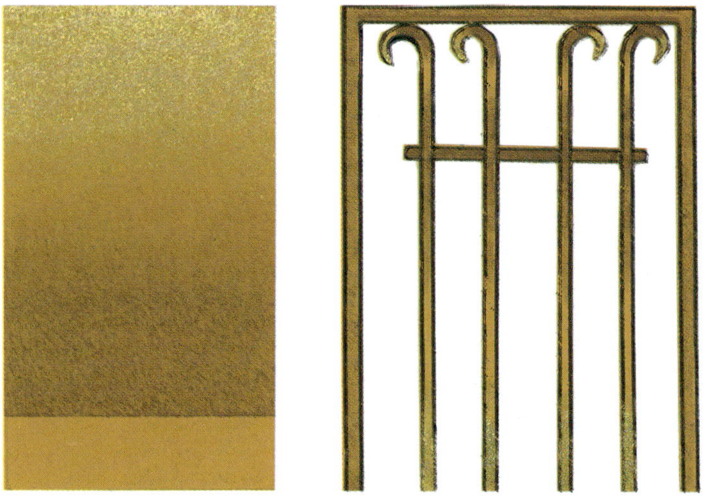

1

Diese Technik ist das Gegenteil des Patinierens von Bronze. Anstatt die Bronze gleichmäßig anzulegen und teilweise mit einer Lasur abzudecken, trägt man die Lasur durchgehend auf und deckt anschließend nur einige Stellen mit Bronze ab.

Wie bei der Alterung von Bronze beruht auch diese Methode auf der sorgfältigen Anlage von drei Farbstufen:
- ein dunkler Ton für den unteren Abschnitt der Tafeln, Spindeln, Stäbe u.ä.,
- ein heller Ton für Reliefs, Kanten, obere Abschnitte, Außenränder der Spiralen etc.
- ein mittlerer Ton für die Zwischenflächen.

Gelbbronze oder Goldbronze (1)
Grund: Seidenglänzendes Gelb (Lichter Ocker, Gelb zitron und Siena natur je nach Nuance der gewählten Bronze).

Ausführung:
Überfangen Sie die gesamte Fläche mit einem farblosen Überzug.
Tragen Sie die farbige Lasur für den dunklen Ton auf (Siena natur, Umbra natur, Umbra gebrannt).
Stupfen Sie die Lasur, und schaffen Sie dadurch schöne Übergänge (farblose Schicht auf dem Grund).
Legen Sie zum Abschluß den hellen Ton aus einer Lasur mit Goldbronze an, und stupfen Sie diesen ebenfalls (siehe Abb. 1).

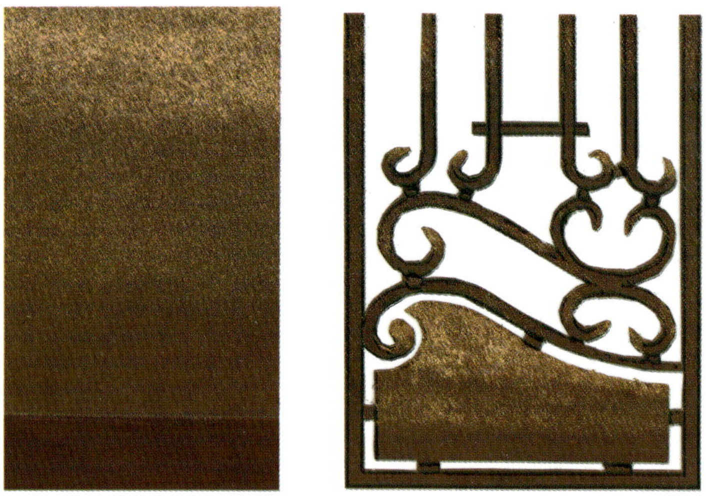

2

Rotbronze oder Florentinerbronze (2)
Grund: Seidenglänzendes Braunrot (Vandyckbraun oder Umbra gebrannt).
Ausführung:
Überfangen Sie die gesamte Fläche mit einem farblosen Überzug.
Legen Sie eine Öllasur mit sehr wenig Rotbronze auf die nicht behandelten Abschnitte.
Stupfen Sie die Lasur, indem Sie den dunklen Grund leicht anpatinieren (farbloser Überzug auf dem dunklen Grund).
Legen Sie zum Abschluß die helle Lasur mit Rotbronze darüber, und stupfen Sie diese ebenfalls (siehe Abb. 2).

Schmiedeeisen (3)
Grund: seidenglänzendes Schwarz.
Ausführung:
Wie bei Rotbronze, aber unter Verwendung von Aluminiumbronze.
Achtung: Schwarze Lasur als Patina auf Aluminiumbronze ergibt ein ähnliches Ergebnis.

3

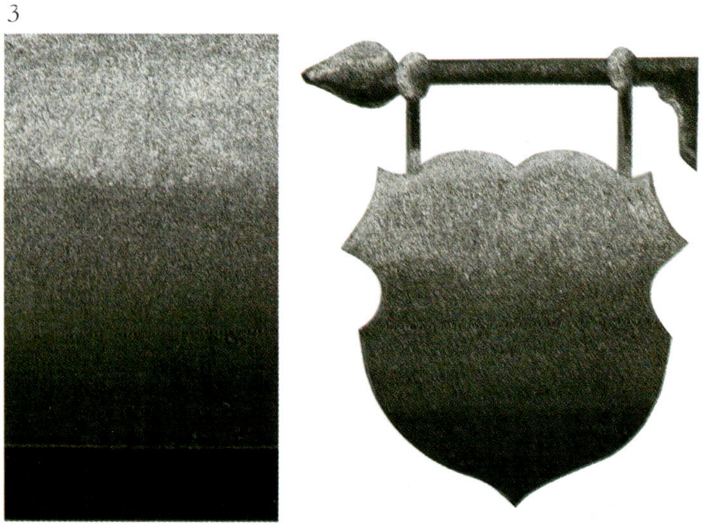

Anmerkung:
Bei dieser Technik ergibt in Flaschen erhältliches metallisiertes Wachs, das mit den Fingern oder einem Tuch aufgetragen wird, ebenfalls rasch zufriedenstellende Ergebnisse.

Gefäß in Goldbronze

Gefäß in Rotbronze

Antike Bronze, mit metallisiertem Wachs betont

Purpurviolette Bronze, mit metallisiertem Wachs betont

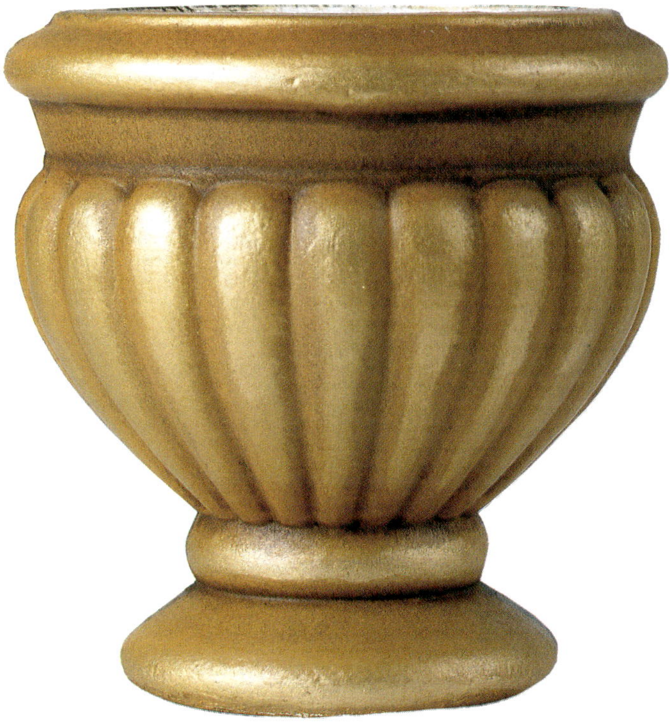

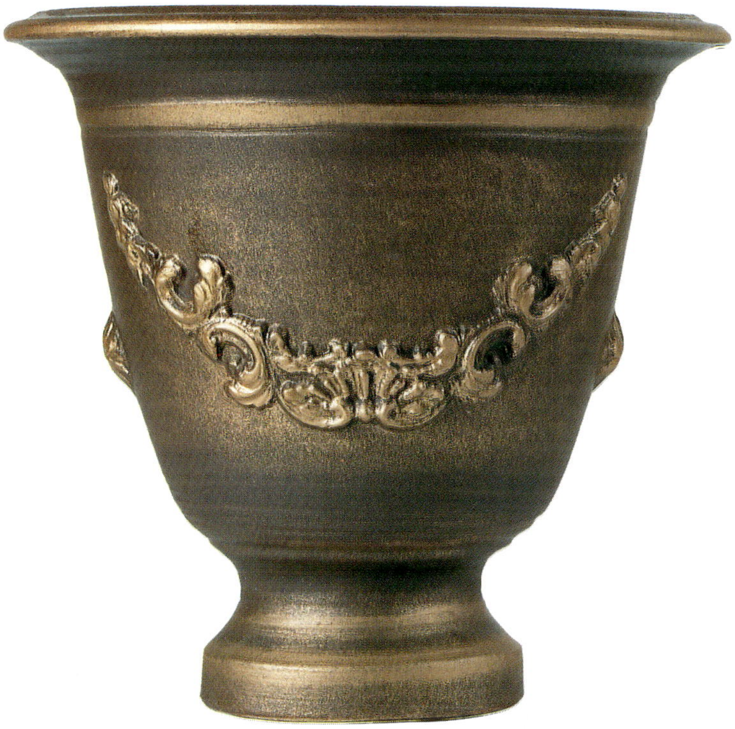

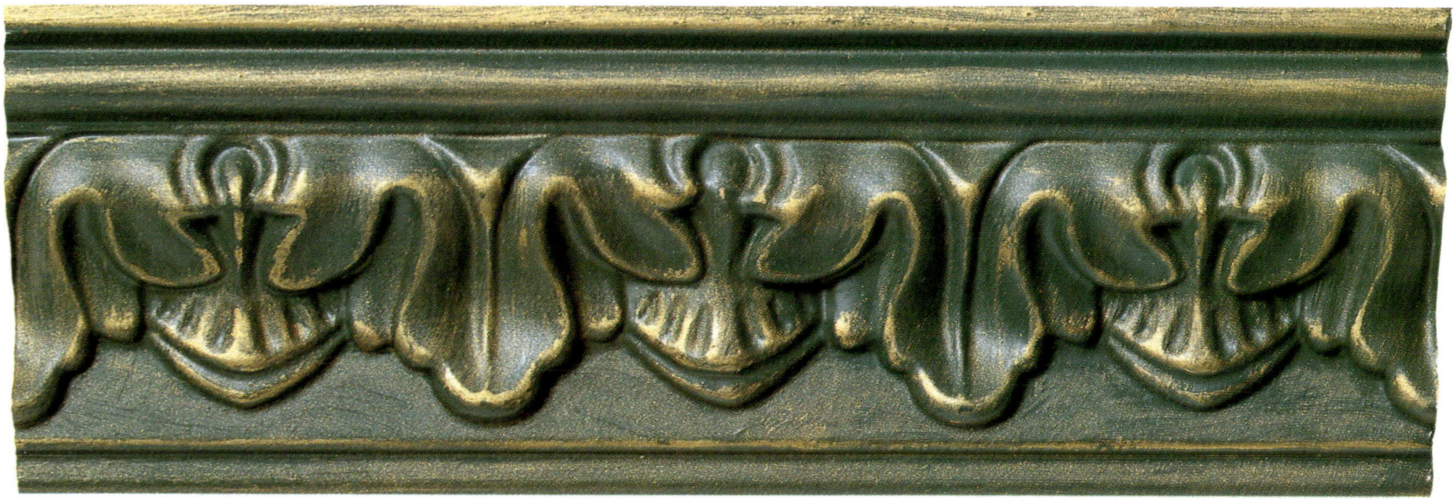

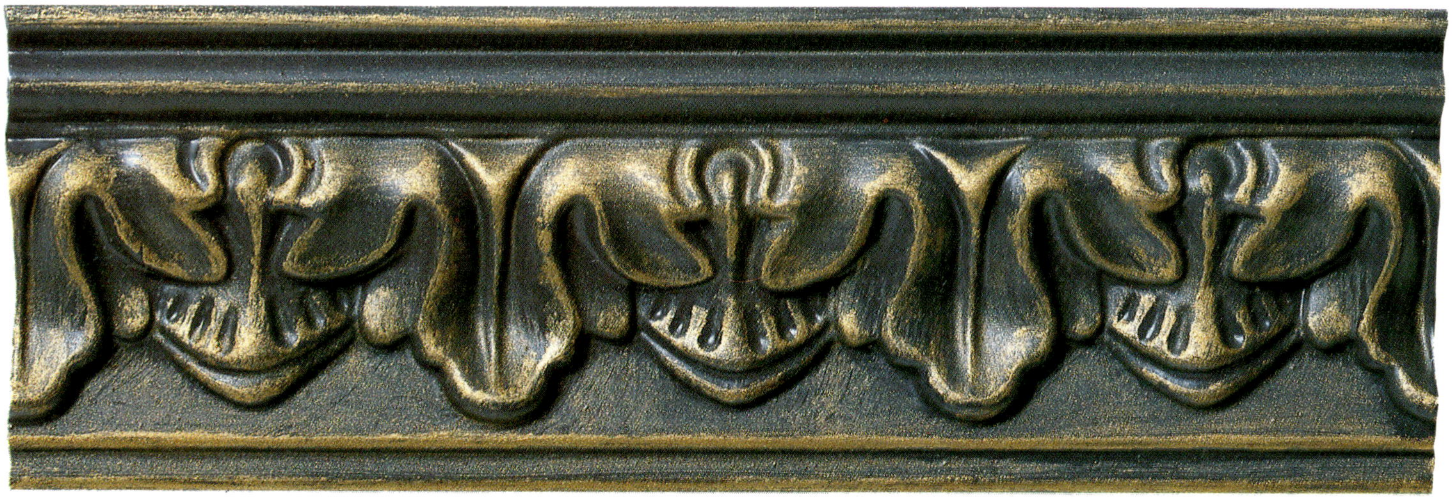

Effektbronze

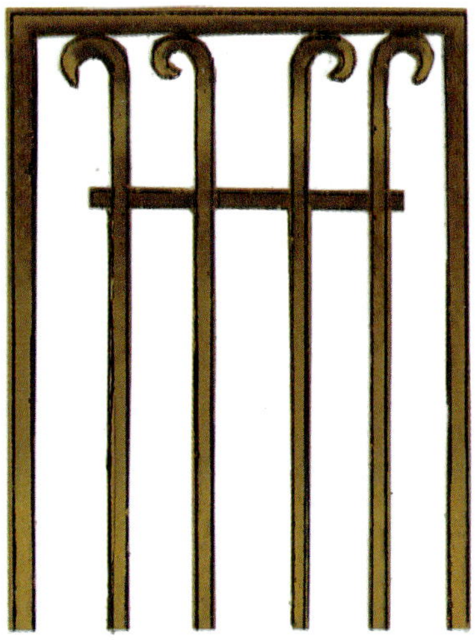

1

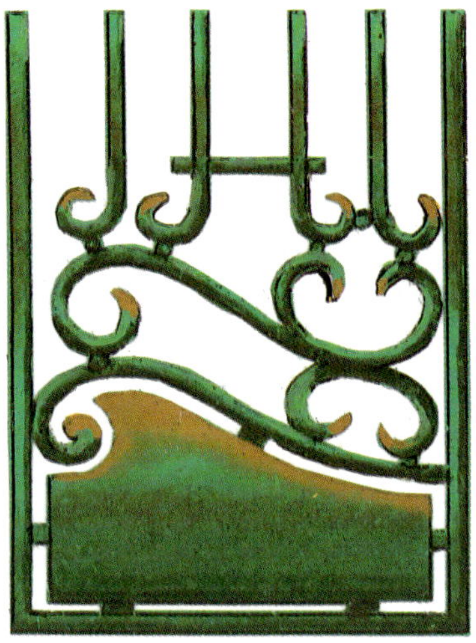

2

3

4

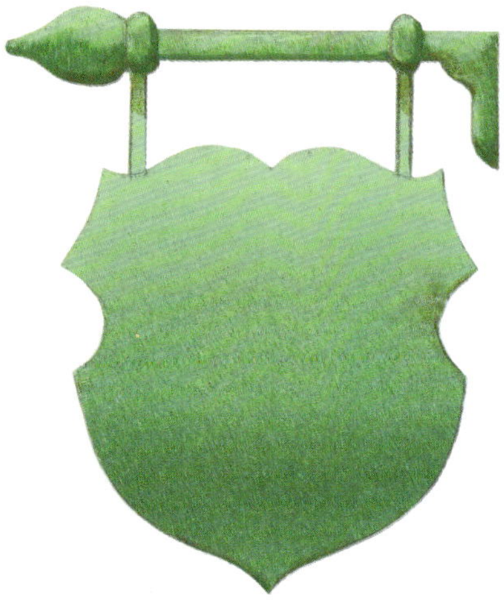

Diese Technik ähnelt der für die Betonung mit Bronzepulver. Man benötigt ebenfalls drei Farben, die man an den gleichen Stellen aufträgt, stupft und laviert. Der entscheidende Unterschied besteht darin, daß das Bronzepulver durch Ölfarbe in Tuben ersetzt wird, auf der man die Lasur ermischt. Damit gibt man den Metallreflex der Bronzen überraschend gut wieder.
Die Möglichkeiten sind relativ begrenzt. Daher beschränke man sich möglichst auf die nachstehenden Beispiele.

Medaillenbronze, auch „alter Taler" genannt (1)
Grund: seidenglänzendes Havannabraun (Lichter Ocker, etwas Umbra natur, eine Spur Weiß und Rotocker je nach Bronzeton).

Ausführung:
Überziehen Sie die gesamte Fläche farblos.
Tragen Sie eine farbige Lasur für den dunklen Ton auf (Umbra natur, Umbra gebrannt).
Stupfen Sie die Lasur.
Legen Sie zum Abschluß den hellen Ton aus einer Lasur in Lichter Ocker an. Eine Spur Siena natur und Weiß sind möglich (siehe Abb. 1).

Antike Bronzen
Unterschiedliche Färbungen nach demselben Prinzip aus drei Tönen.

Gewöhnliche Bronze (2)
Grund: seidenglänzende Farbe aus intensivem Grün (dunkles Echtgrün, Umbra natur).
Ein dunkler Ton aus der Lasur mit Echtgrün dunkel und Umbra natur.
Ein mittlerer Ton aus denselben Farbtönen.
Ein heller Ton aus der Lasur mit Lichter Ocker und einer Spur Siena.
Zusätzlich einige Nuancen aus Siena und Umbra gebrannt.

Grüne Bronze „Ägyptisch" (3)
Entweder eine schwarze Lasur auf kupfergrünem Grund (siehe Abb. 3)
oder eine Lasur nach Art von Grünspan auf schwarzem Grund.

Grüne Bronze „Art nouveau" (4)
Grund: seidenglänzende Farbe aus Hellgrün (Weiß, Mittelgrün, etwas Lichter Ocker).
Ein dunkler Ton: Lasurfarbe mit Mittelgrün, Siena natur und Umbra natur.
Ein mittlerer Ton: dieselbe Lasurfarbe, weniger deckend.
Ein heller Ton: farbloser Lack.

Anmerkung:
Die Effekte auf echten Reliefs lassen sich auch auf Ornamentierungen als Trompe l'oeil übertragen, indem man die Töne gleichmäßig aufträgt und ein Relief erarbeitet (heller Ton, mittlerer Grundton, dunkler Ton).
Siehe Motiv mit antiker Bronze auf deckendem Grund.

Gefäß mit Medaillenbronze
Gefäß mit antiker Bronze auf grünem Grund
Gefäß mit antiker Bronze auf schwarzem Grund
Motiv mit antiker Bronze auf deckendem Grund

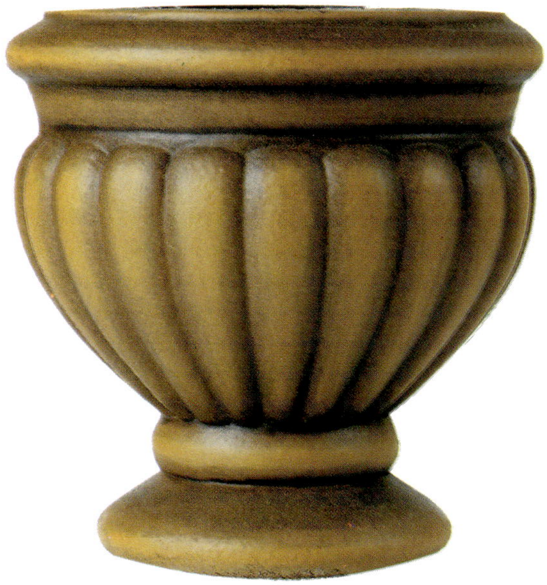

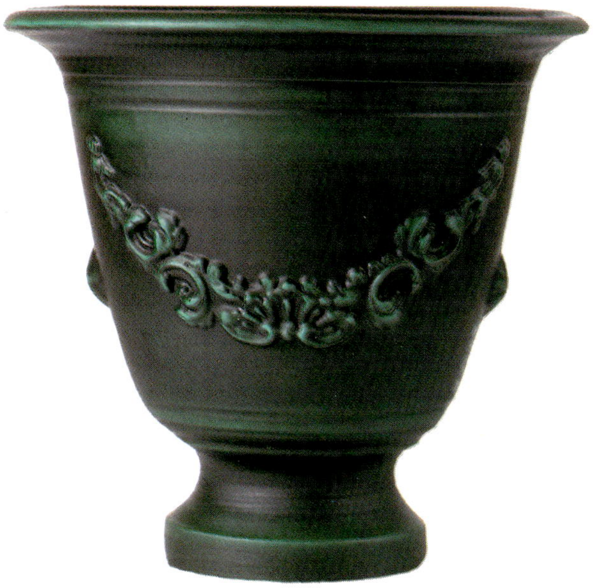

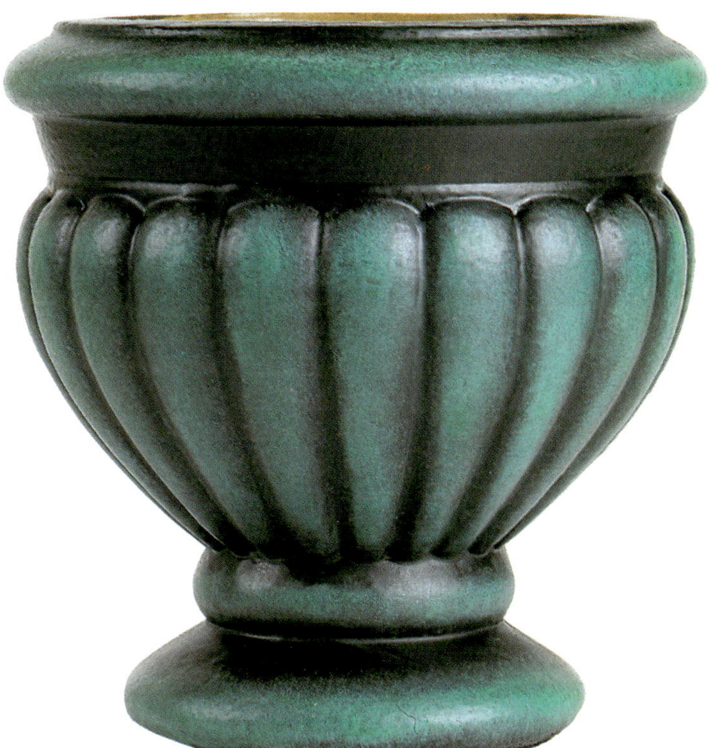

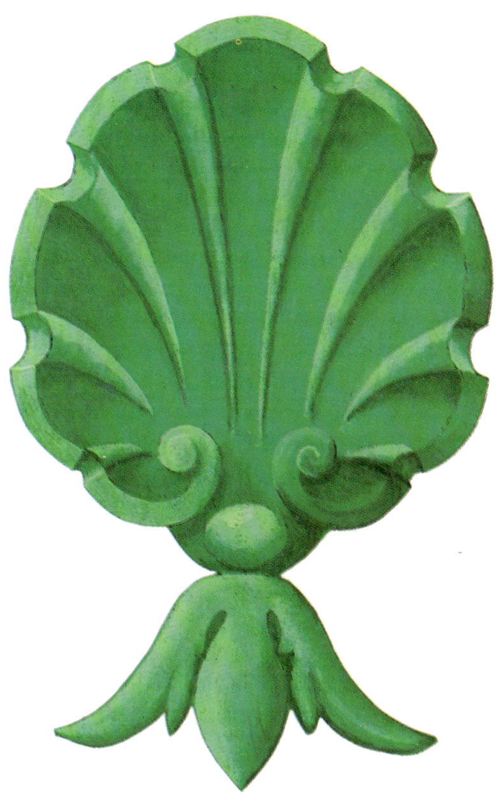

Spezialeffekte

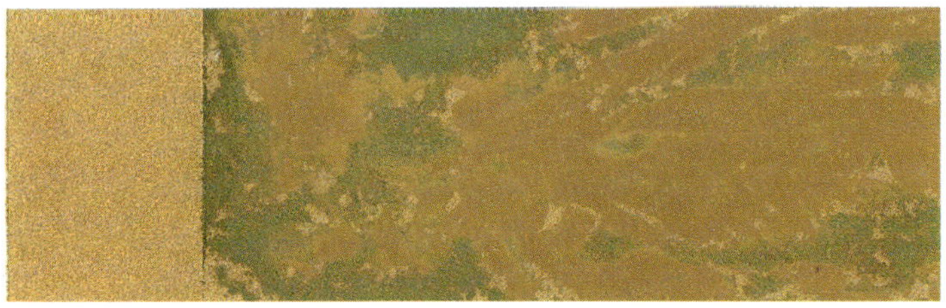

1

2

Die dekorativen Bespiele auf dieser Doppelseite zeigen die Verwendung von Bronzen in unterschiedlichen Techniken:
Gleichmäßige Bronze (auf Mixtion oder als Spray) mit Dekors aus farbigen Lasuren sowie deckend eingefärbte Untergründe mit Dekors aus Bronzelasuren. Transparenter Überzug für alle Arbeiten.

Oxydation mit Essig (1)
Fertigen Sie einen Grund aus Bronze auf Mixtion an. Feuchten Sie die Bronze nach dem Trocknen an, indem Sie ein in Essig getauchtes glattes Küchentuch darauflegen.
Senkrechte Flächen werden mehrmals mit einem essiggetränkten Schwamm betupft.

Oxydation mit Farblasuren (2)
Stellen Sie einen Goldbronzeuntergrund her.
Sperren Sie den Grund durch eine farblose Lackschicht ab.
Tragen Sie eine wolkige Patina aus einer gelbgrünen Lasur auf, und fügen Sie einige mit einem Schwamm getupfte Stellen aus Schweinfurter Grün hinzu. Lassen Sie die Lasur mit einigen Terpentinspritzern anschwimmen.
Anmerkung: In den obengenannten Fällen können weitere Farbeffekte hinzugefügt werden.

3

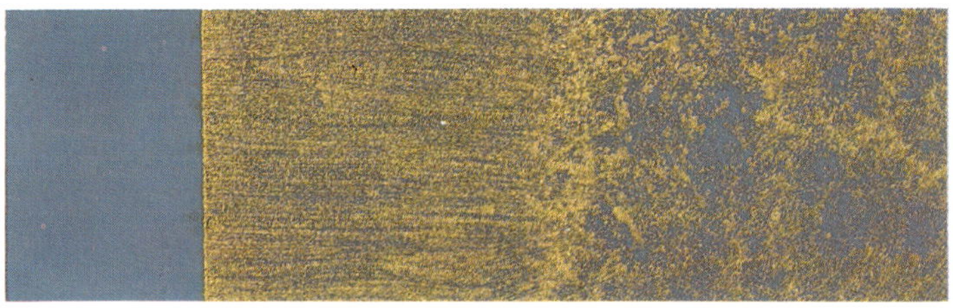

Wolkiger Lack (3)
Stellen Sie einen intensiven rostbraunen Grund her.
Tragen Sie eine mittelstark getönte Lasur mit Bronze auf.
Heben Sie Farbe mit einem leicht mit Balsamterpentin benetzten Schwamm ungleichmäßig ab.
Stupfen und sonstige Behandlung nach Ihren Wünschen.
Fertigen Sie die gleiche Arbeit auf königsblauem Grund an.

Granitwirkung (4)
Legen Sie einen Grund aus beliebig nuancierter Bronze an.
Sperren Sie den Untergrund mit einer Lackschicht ab.
Tragen Sie eine oder mehrere Sprenkelschichten aus verschiedenen eingefärbten Lasurfarben auf.

Moderne Metalleffekte (5)
Legen Sie einen intensiven farbigen Grund an.
Überfangen Sie die Fläche mit ganz gering eingefärbter Lasur.
Behandeln Sie die Schicht nach Belieben weiter (z.B. Schraffuren mit dem in Bronze getauchten Flächenstreicher, Aufreiben von Bronze mit einem Stoffballen o.ä.).
Zusätzliche Sprenkelungen oder Farblasuren (wie bei dem nebenstehenden Muster in Blau) können angebracht werden.

4

5

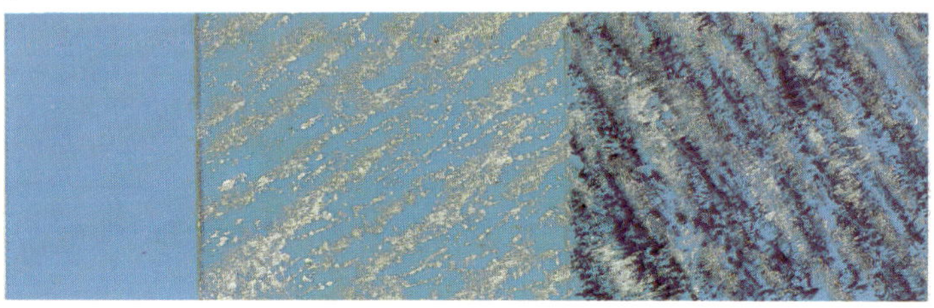

Anmerkung:
Vor dem Auftrag der Farbtöne muß der Bronzeuntergrund mit einer geeigneten Lackschicht geschützt werden.

Oxydation mit Essig
Imitierte Oxydation mit Lasuren
Wolkiger Lack
Gesprenkelte Metalleffekte
Moderne Metalleffekte

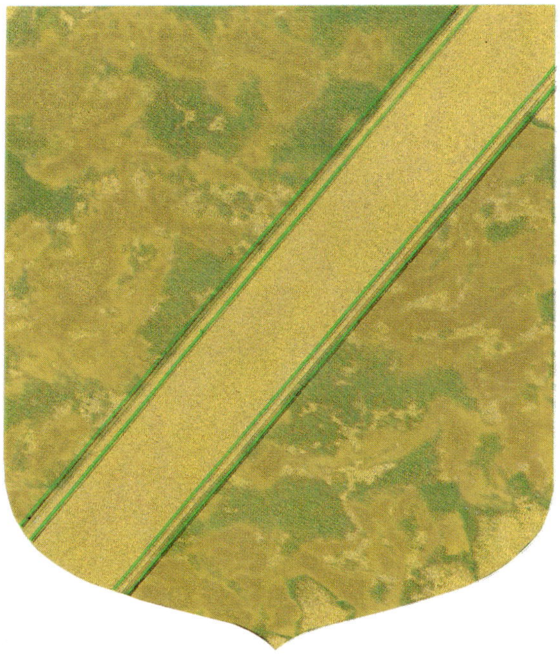
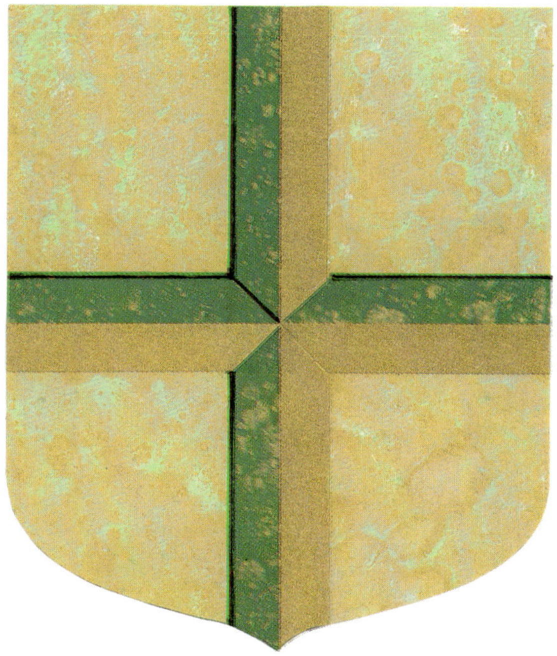
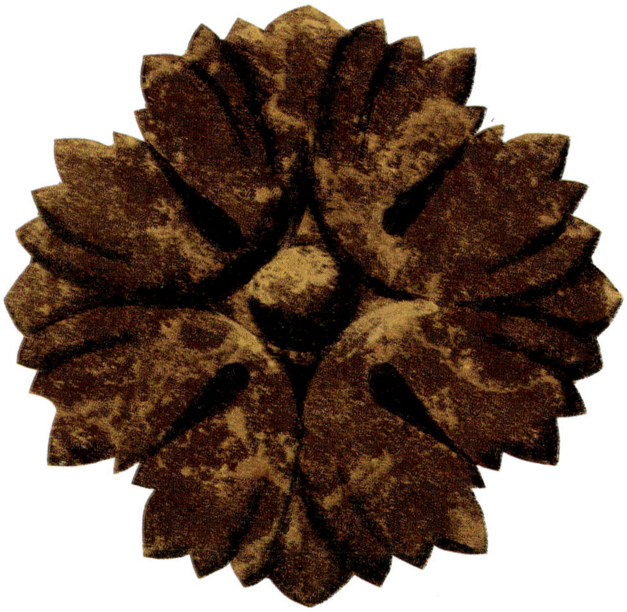
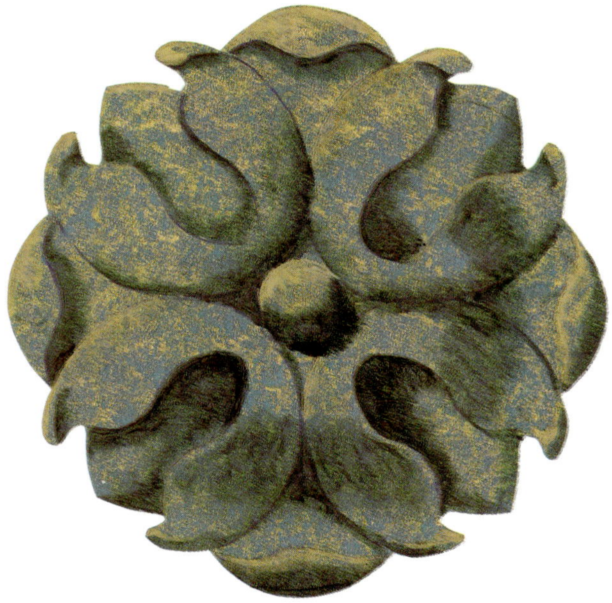
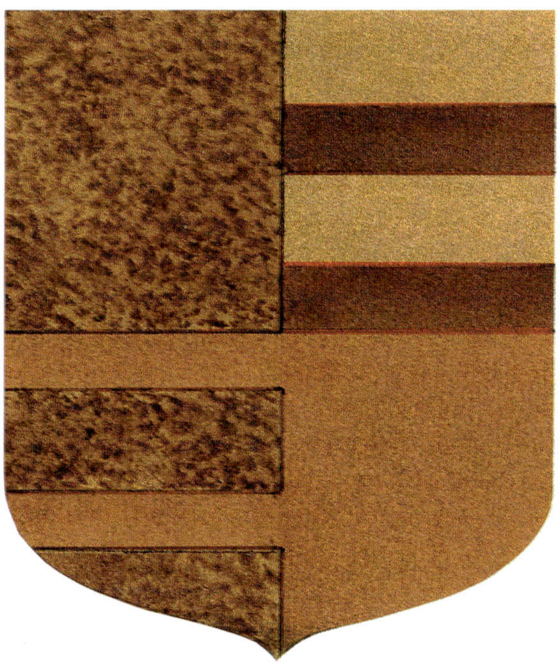
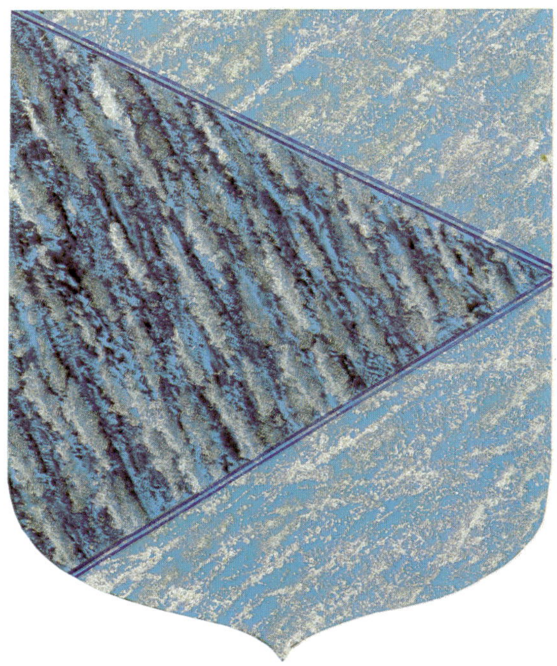

Unterschiedliche Effekte – Imitation von Leder, Pergament und Kork

Auf den folgenden Seiten werden weitere Beispiele von Imitationen gezeigt, die ein ähnliches Know-how und ähnliche Techniken wie die bisher angeführten erfordern. Die Beispiele sind bewußt einfach gehalten und können als Einstieg für anspruchsvollere Arbeiten betrachtet werden.

1

Leder (1)
Grund: Chromgelb mittel, Lichter Ocker, Chromgelb orange sowie eine Spur Weiß für Waschleder; Lichter Ocker, Chromgelb orange, eine Spur Rot und Umbra gebrannt für braunes Leder.
Überziehen Sie die gesamte Fläche mit einer Lasur ähnlich dem Grund. Heben Sie Farbe mit einem Tuch teilweise wieder ab, und stupfen Sie die Fläche, um eine Granulierung zu erhalten.
Bringen Sie zum Abschluß mit einem gefalteten Tuch weitere Strukturen mit intensiverer Lasurfarbe an.

2

Pergament (2)
Grund: Weiß, Lichter Ocker, je eine Spur Chromgelb hell und Umbra natur.
Tragen Sie je nach gewünschter Alterswirkung eine mehr oder weniger gelbe Lasur auf (Siena natur und Umbra natur), und fahren Sie wie bei der wolkigen Patina mit einem Schwamm fort.
Stupfen Sie die Arbeit gleichmäßig.
Tragen Sie zum Abschluß Spuren einer schwachen weißlichen Lasur auf, und betonen Sie einige Stellen mit einem intensiveren Lasurton.
Das mehr oder weniger antike Erscheinungsbild wird durch die verschiedenen Lasurtöne bestimmt.

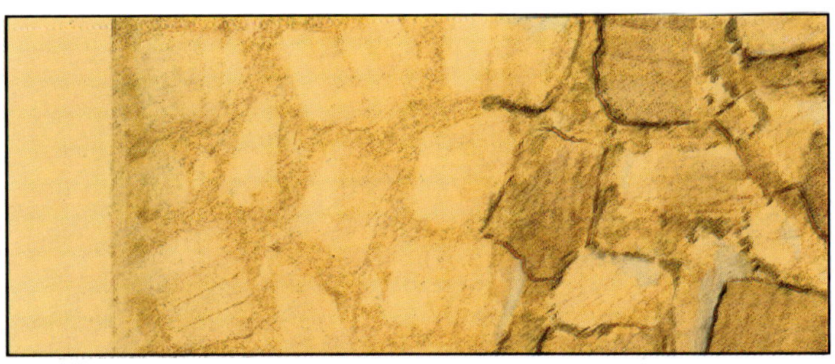

3

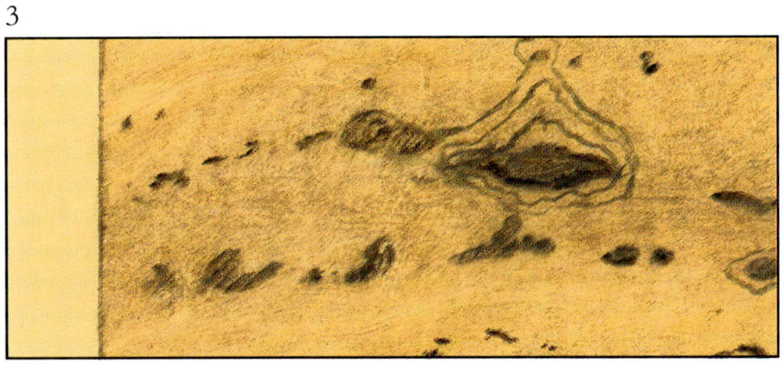

Kork (3)
Grund: Weiß, Lichter Ocker und etwas Rotocker je nach gewünschter Wirkung.
Legen Sie eine Farblasur auf der Fläche an (Siena natur und etwas Siena gebrannt).
Um die Korkpartikel darzustellen, heben Sie in Teilbereichen Farbe von der frischen Lasur wieder ab. Kolorieren Sie nach dem Trocknen einzelne Stellen erneut, und bringen Sie gleichzeitig einige Risse in dem Überzug an (mit einem kleinen Modler). Umreißen Sie einige Korkpartikel.
Um Korkplatten darzustellen, bringen Sie innerhalb der Farblasur wellenförmige Strukturen mit einem Modler an. Für hellere Stellen benutzen Sie einen Lappen.
Legen Sie zum Abschluß einige braune Flecken sowie rosa Reflexe aus Lasurfarbe mit einer Spur Rotocker und Weiß an.

Waschleder, braunes Leder
Helles Pergament, gealtertes Pergament
Kork mit Partikeln, Korkplatten

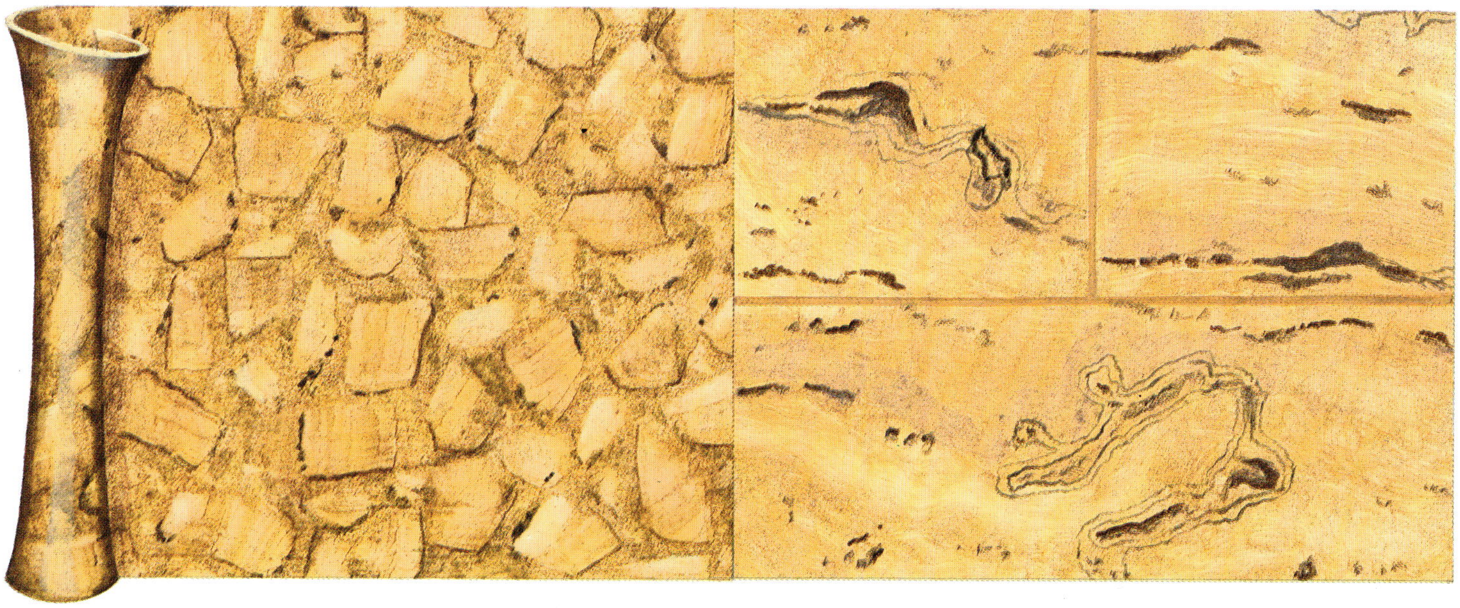

Imitation von Elfenbein, Schildpatt und Perlmutt

Die folgenden Imitationen eignen sich für kleine Flächen wie Einfassungen, schmale Streifen, Skulpturen, Verblendungen etc.

1

Elfenbein (1)
Knochenartige Masse aus dem Stoßzahn männlicher Elefanten, deren heller Ton sehr gut mit anderem Material harmoniert.
Grund: Weiß, etwas Lichter Ocker, eine Spur Zinnober.
Überziehen Sie die Fläche mit einer leicht getönten Lasur (Siena natur und eine Spur Umbra natur).
Tragen Sie eine Alterungslasur auf, heben Sie Farbe für die Struktur ab, und stupfen Sie die intensiveren Stellen.
Bei plastischen Objekten sorgt eine abschließende weiße Wachspatina, die mit einem Tuch poliert wird, für realistischen Glanz.

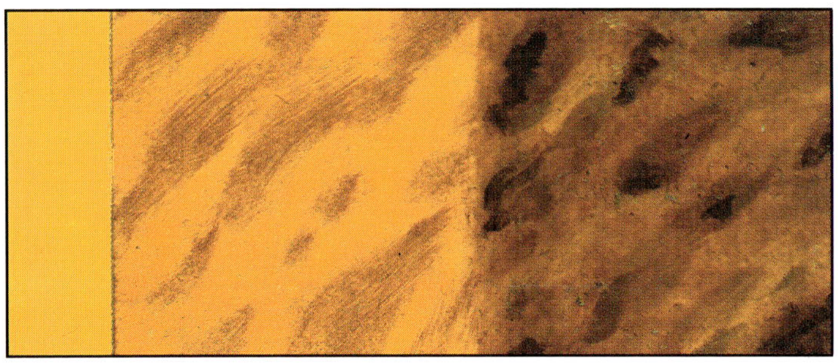

2

Schildpatt (2 und 2a)
Das Material aus dem Rückenpanzer der Schildkröte stellt sich rot oder gelb dar.
Grund für gelbes oder sogenanntes blondes Schildpatt (2): intensives, leicht orangestichiges Gelb.
Überziehen Sie die Fläche mit einer stärker deckenden Lasur (Siena natur und eine Spur Siena gebrannt).
Heben Sie deutlich Farbe mit dem Schwamm wieder ab; lavieren Sie die verbliebenen Flecken durch Stupfen und Vertreiben.
Überziehen Sie die Fläche mit einer weiteren Lasur, und stupfen Sie diese leicht. Die Lasur sollte einige dunkle Sprenkel aus Umbra gebrannt enthalten.

Grund für rotes Schildpatt (2a): lebhaftes Rotorange.
Überziehen Sie die Fläche mit einer fast deckenden Lasur (Siena gebrannt, etwas Schwarz).
Heben Sie Farbe wieder ab, um eine wolkige Wirkung zu erzeugen oder längliche ovale Flecken zu erhalten.
Vertreiben Sie diese mit dem Dachsvertreiber.
Tragen Sie partiell eine zweite gestupfte Lasur auf (Siena gebrannt, Krapplack), und bringen Sie einige fast schwarze Punkte an.

2a

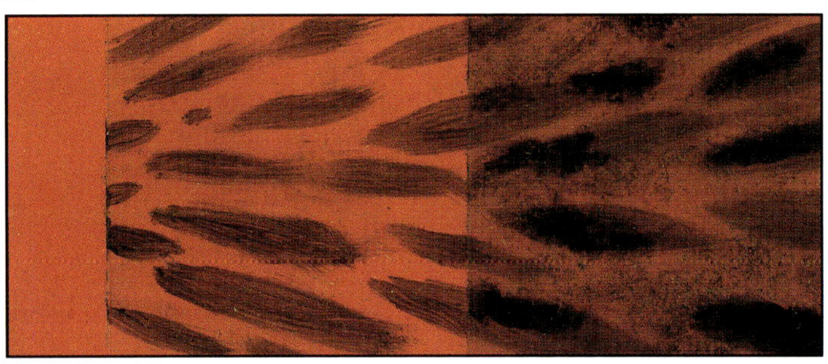

Perlmutt (3)
Opakes Material aus der Innenseite mancher Muscheln, das sehr hübsch irisiert.
Grund: Weiß, ganz wenig Lichter Ocker sowie eine Spur Chromgelb mittel.
Überfangen Sie den getrockneten Grund mit einem farblosen Überzug.
Legen Sie in größeren Abständen einige schmale, ganz schwach getönte rosa (Krapplack) und leuchtend hellgrüne Streifen an.
Lavieren Sie die Farben mit einem weichen Vergolderpinsel oder einem Dachsvertreiber in unterschiedliche Richtungen.

3

Imitation auf einer Tafel mit Relief: Einfassung aus hellem und patiniertem Elfenbein, Mittelteil aus rotem Schildpatt in Form einer quadratischen Einlegearbeit

Imitation auf einer Tafel mit Relief: Einfassung aus patiniertem Elfenbein, Profilleisten aus Perlmutt, Mittelteil aus gelbem Schildpatt in Form einer diagonal geteilten Einlegearbeit

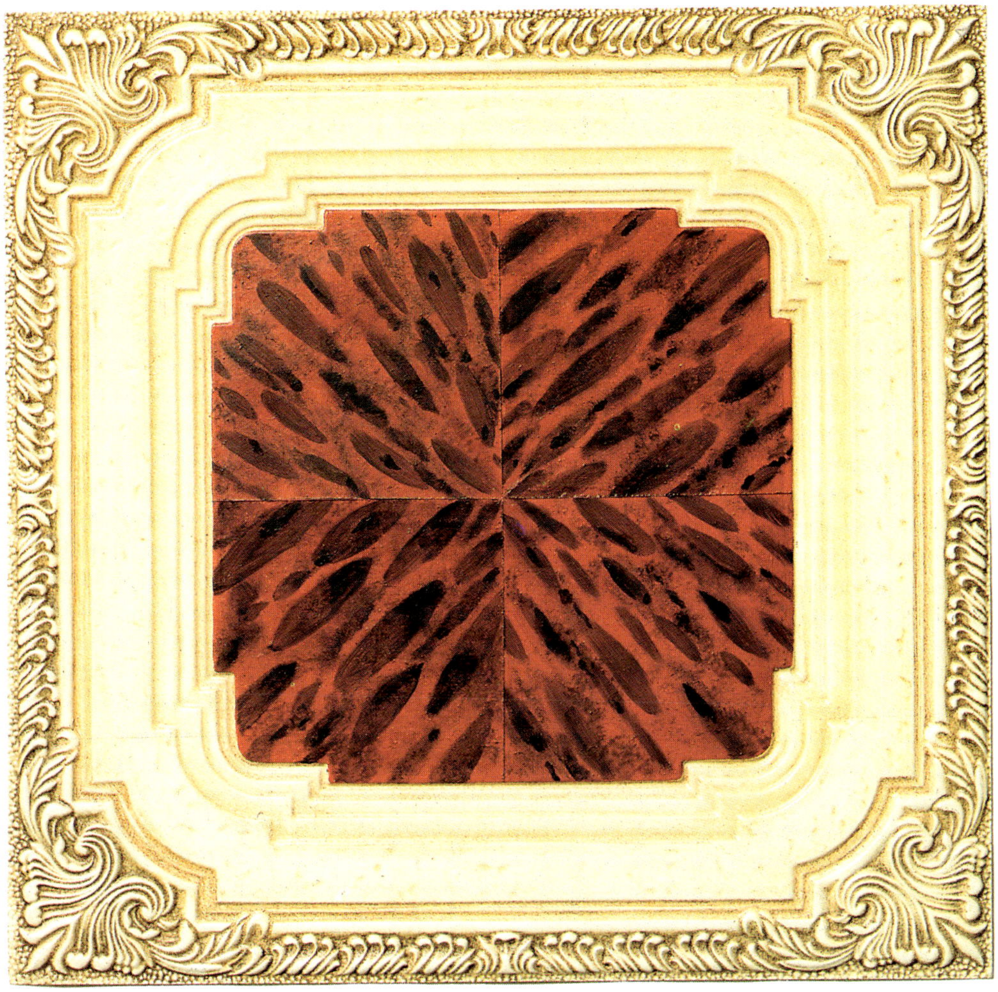

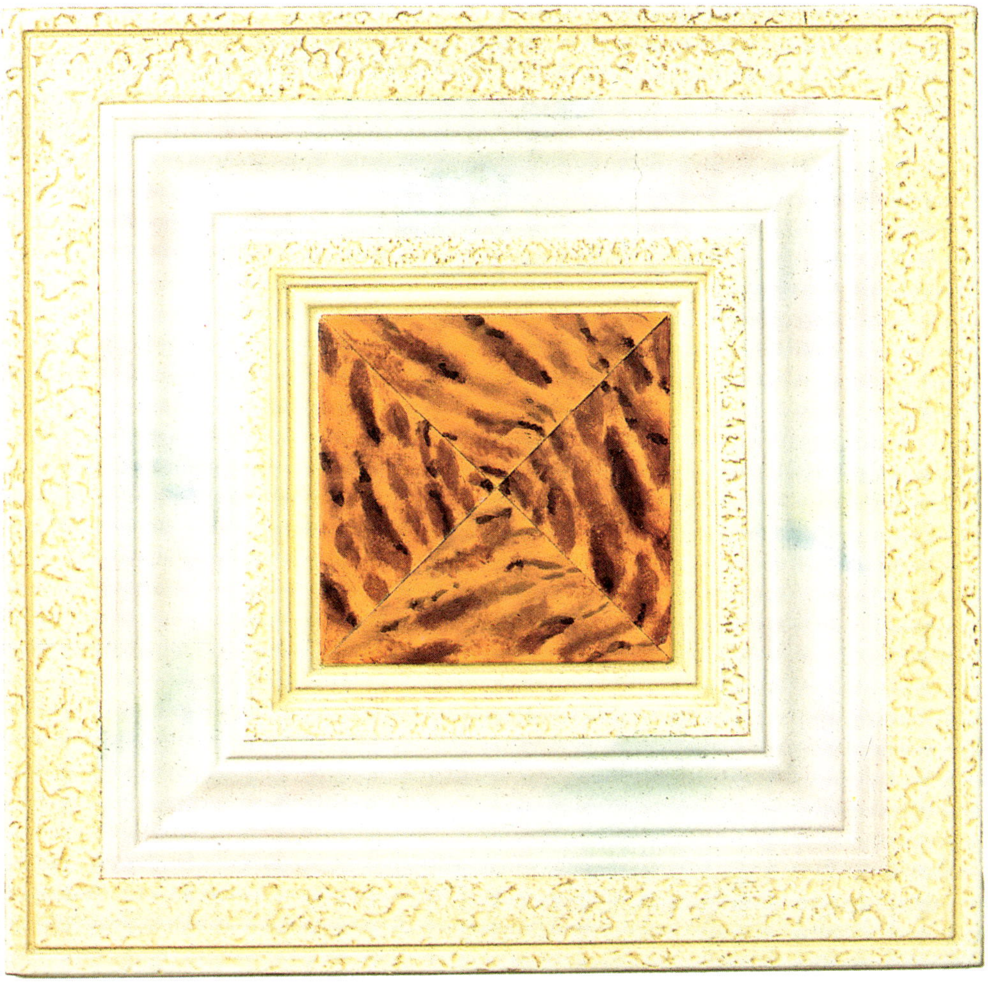

Imitation von Terracotta und Granit

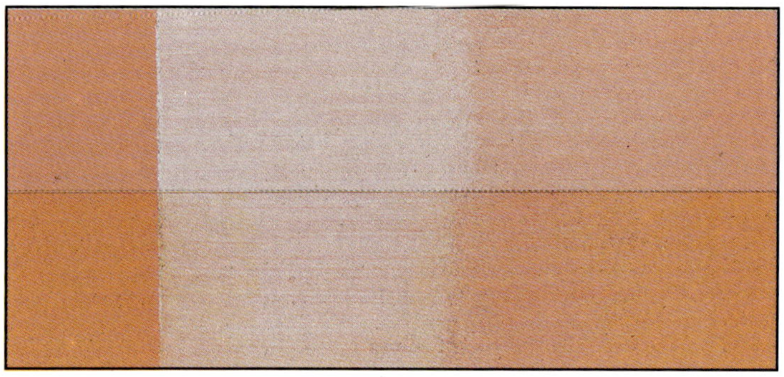

1

Terracotta (1)
Gegenstände aus gebranntem Ton besitzen eine angenehme warme Farbe.
Auf plastischen Formen, Wandmedaillons etc. ist das Material leicht zu imitieren.
Grund: Weiß, Lichter Ocker sowie etwas Chromorange oder Orangegelb, je nach gewünschter Farbwirkung.
Überziehen Sie das gesamte Teil mit einer wäßrigen weißen Lasur.
Arbeiten Sie wie bei der Alterungspatina mit nur einem einzigen Lasurauftrag, und wischen Sie die Arbeit so kräftig, daß das Weiß nur in den Vertiefungen stehenbleibt.
Lavieren Sie alles mit einem Flächenstreicher, und stupfen Sie die Fläche leicht.

Anmerkung:
Für diese Arbeit empfiehlt sich matte weiße bzw. getönte Vinyl- oder Acrylfarbe.

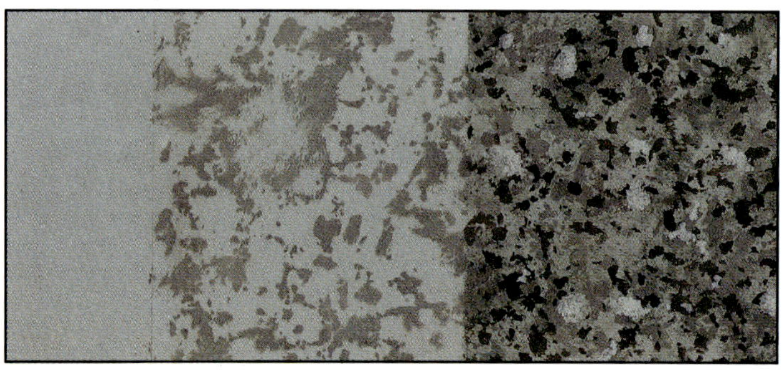

2

Granit
Das gesprenkelte Erscheinungsbild von Granit entsteht aus mehreren Schichten einer farbigen Granulierung.
Man stellt jede Schicht einzeln mit einem in flüssige Farbe oder Lasurfarbe getauchten wabenartigen Schwamm her, den man auf einen Holzklotz aufzieht, um ihn besser füllen zu können.
Auch ein Schablonierpinsel eignet sich für diese Methode.

Dunkelgrau (2)
Grund: Weiß, Schwarz, eine Spur Ultramarinblau.
Erste Sprenkelung mit Mittelgrau.
Nach dem Trocknen zweite Sprenkelung mit Anthrazitgrau (Schwarz, eine Spur Weiß).
Dritte und letzte Sprenkelung mit Hellgrau.

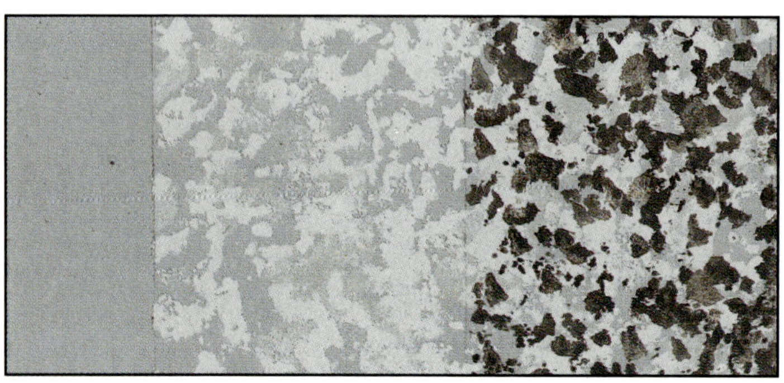

3

Hellgrau (3)
Grund: wie (2).
Erste Sprenkelung mit gebrochenem Weiß (eine Spur Lichter Ocker).
Nach dem Trocknen ein oder zwei weitere Sprenkelungen mit Mittelgrau und Anthrazit (ohne die Fläche zu überladen).

Rosé (4)
Grund: wie (2).
Erste Sprenkelung mit einem Fleischton (Weiß, Lichter Ocker, Chromorange).
Nach dem Trocknen Sprenkelung in Karamel sowie einige scharf umrissene Tupfer in Dunkelbraun.

Weiteres Beispiel: Granit aus Tarn (5).

Anmerkung:
Ein Schlußüberzug ist angebracht.

4 5

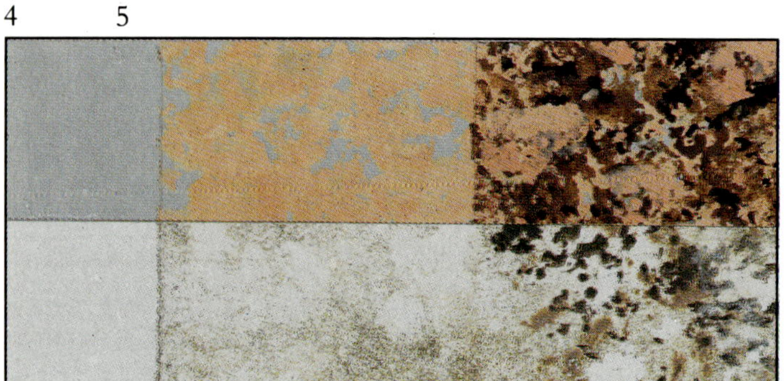

Gefäß mit Terracotta-Imitation

Muster mit verschiedenen Granitarten

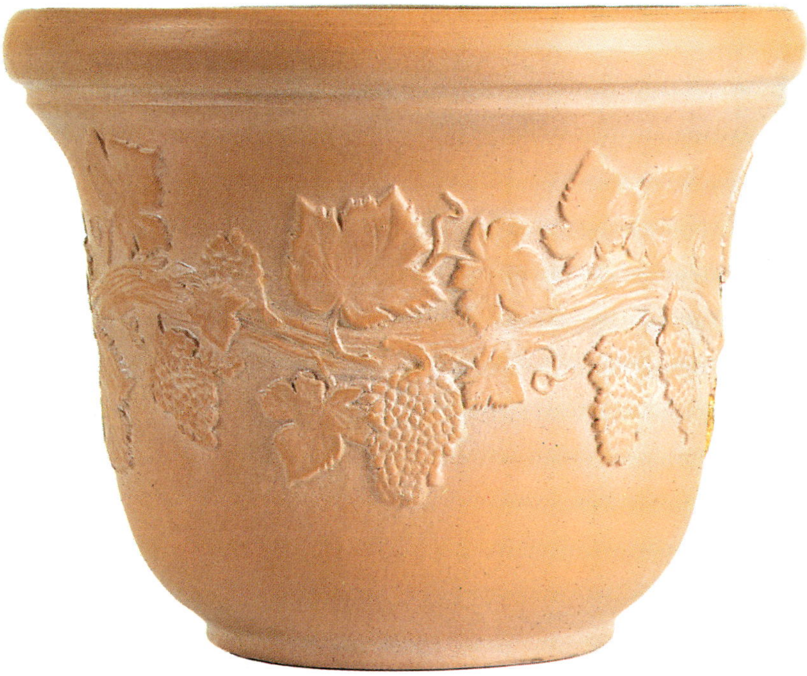

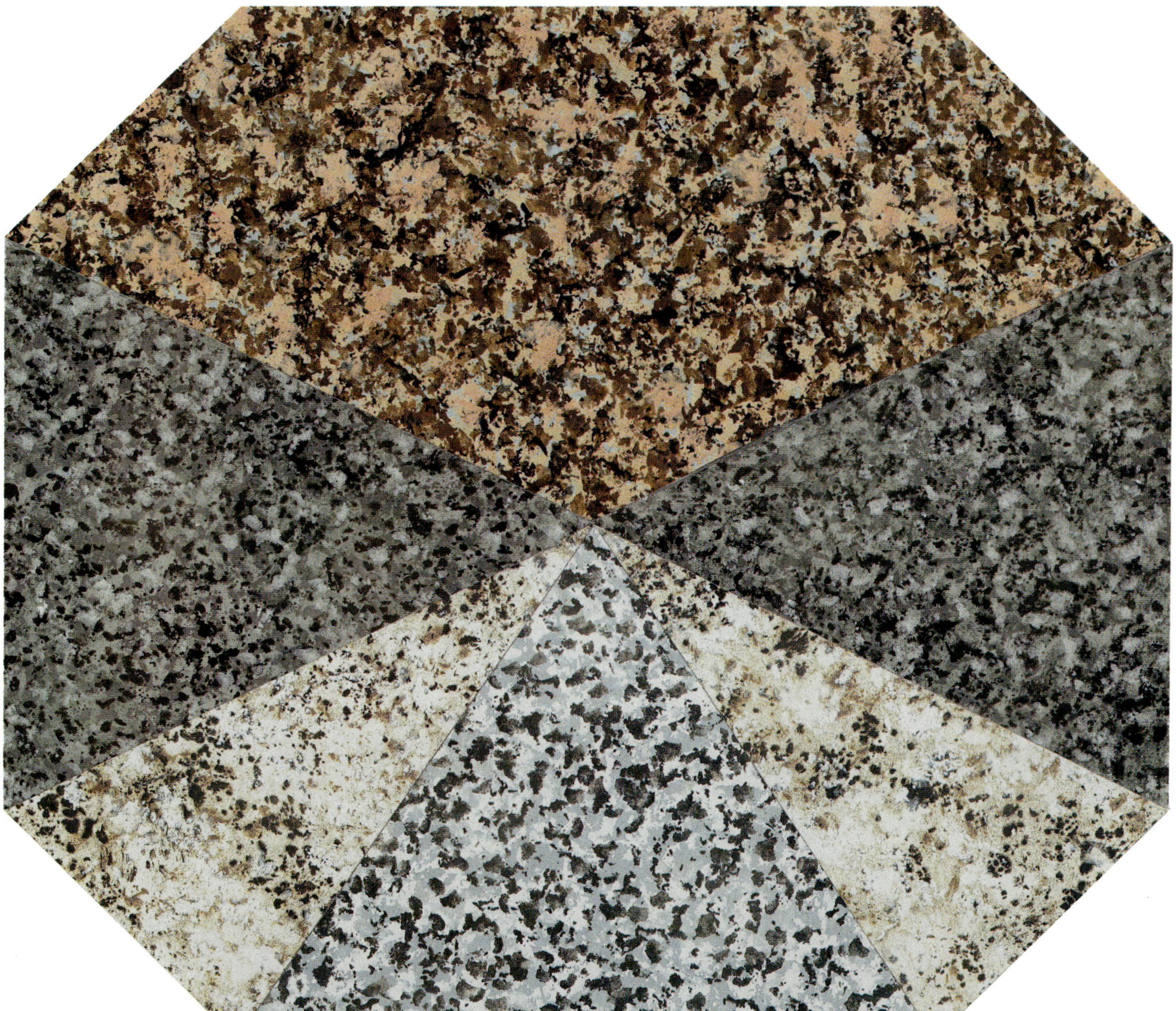

Mauerverbände

Die gute Imitation von Mauerverbänden beruht auf einer exakten Vorzeichnung und sauberen Fugen. Ferner sind einige zusätzliche Aspekte zu berücksichtigen (unterschiedliche Färbung, Brennspuren, Maße etc).

Übliche traditionelle Maße für die Vorzeichnung:
Höhe 7 cm, Länge 22 cm, Breite 11 cm.
Die endgültigen Maße der Ziegelsteine reduzieren sich um 8 bis 10 mm für die Fugenbreite.
Verschiedene bei Verblendungen benutzte Ziegel sind 3 bis 4 cm hoch und 22 bis 25 cm lang.

Ausführung:
Legen Sie einen deckenden, möglichst matten Grund in der gewünschten Farbe an.
Reißen Sie das Fugennetz leicht mit Bleistift und Schlagschnur an. Nuancieren Sie die Ziegel voll oder teilweise mit Hilfe von Farblasuren. Halten Sie sich dabei an das Fugennetz.
Beenden Sie die Arbeit mit den schmalen Strichen für die Fugen.
Farben: gebrochenes Weiß, Mittelgrau oder intensives Zementgrau. Um die Vertiefung besser wiederzugeben, können die Fugen einen Schlagschatten erhalten.

Die wichtigsten Mauerverbände

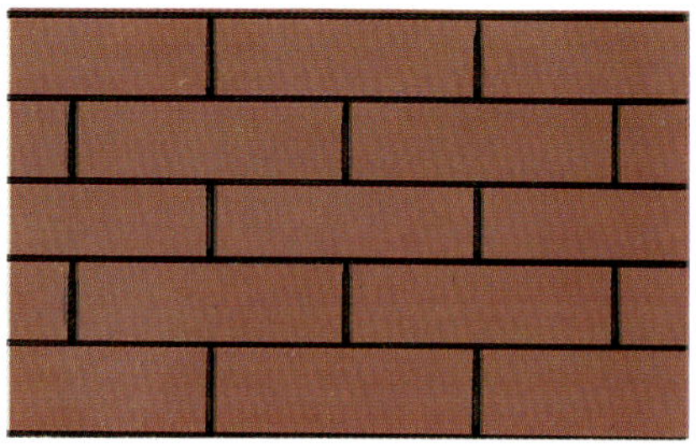

Läuferverband

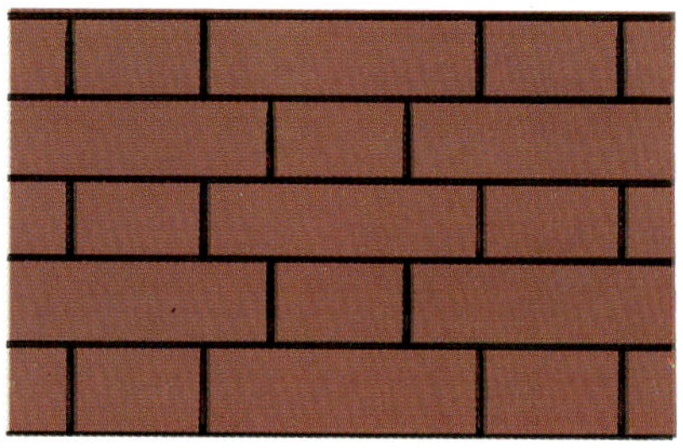

Blockverband

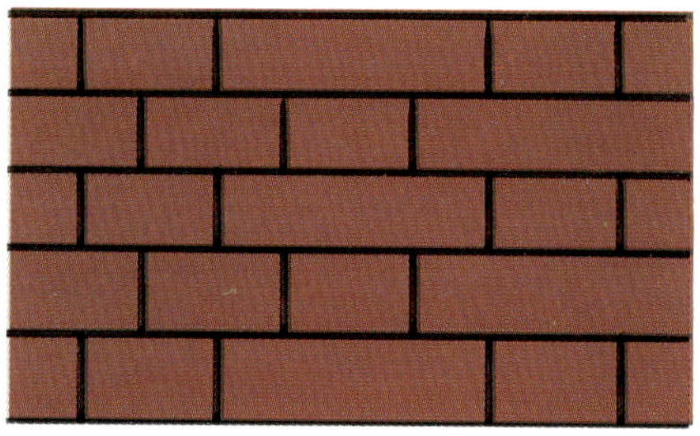

Kreuzverband

1

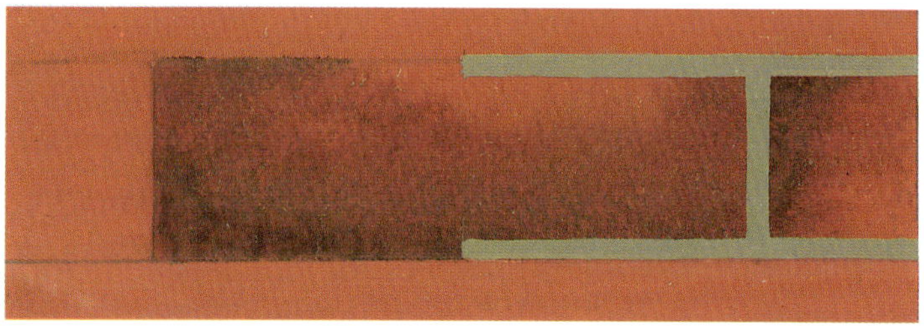

2

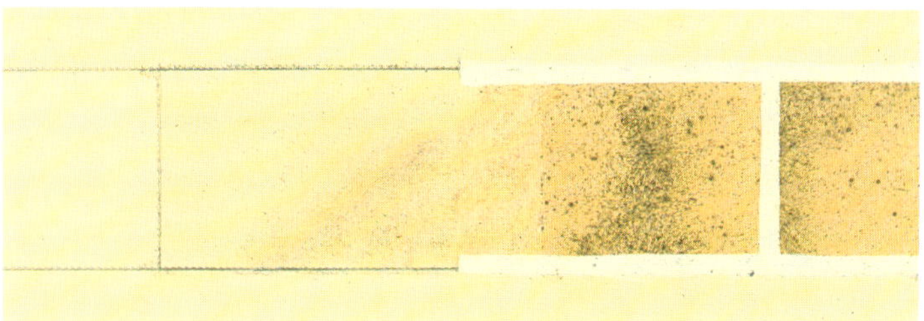

3

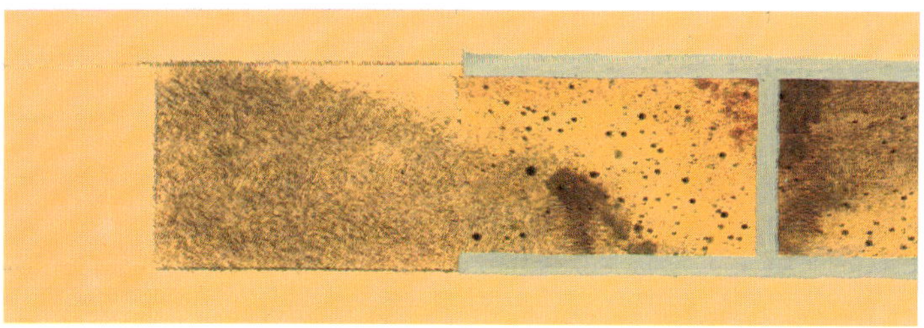

Rote Ziegel mit weißen Spuren (1)
Grund: Rotocker, eine Spur Weiß und Lichter Ocker.
Überziehen Sie jeden Stein mit einer Farblasur (Siena gebrannt und Umbra gebrannt).
Bringen Sie unterschiedlich starke Wischungen innerhalb der Strichrichtung an.
Stupfen Sie die Fläche, um die Wischungen zu lavieren. Das abschließende Fugennetz verdeckt die unsauberen Begrenzungen der Steine.

Alte gelbe Ziegelsteine (2)
Grund: Lichter Ocker, Weiß, etwas Umbra natur.
Tragen Sie eine dünne Lasur (Siena natur und Umbra natur) mit denselben Schattierungen wie oben auf.
Überarbeiten Sie die Steine teilweise mit einer kräftigeren Lasur, und stupfen Sie diese. Schließen Sie mit braunen Spritzern ab.

Geflammte Ziegelsteine (3)
Grund: Lichter Ocker, Weiß, Gelborange und eine Spur Rotocker.
Tragen Sie eine rötliche Lasur (Siena gebrannt und Umbra gebrannt) mit teilweise gestupften Schatten auf. Legen Sie eine zweite Lasur aus Siena natur und Gelborange darüber, und fügen Sie braune und violettstichige Flecken hinzu. Beenden Sie die Arbeit mit dunkelbraunen Spritzern.

Einige Anmerkungen:
- Schützen Sie die Arbeit mit einem farblosen matten oder seidenglänzenden Überzug.
- Durch gezielte Farbgebung oder Nuancierung einzelner Ziegel kann man ein bestimmtes Muster oder eine geometrische Verteilung erreichen.

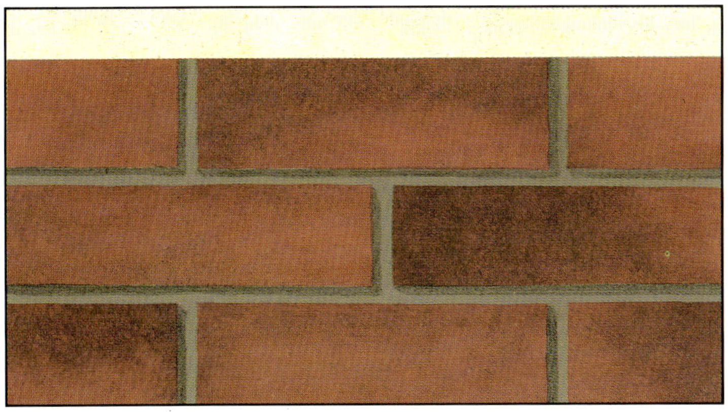

Mit Reibespuren

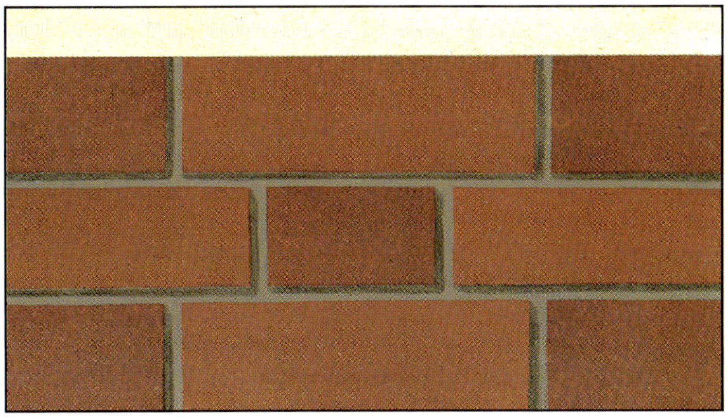

Mit hervorgehobenen Kopfseiten
Schmale moderne Ziegel

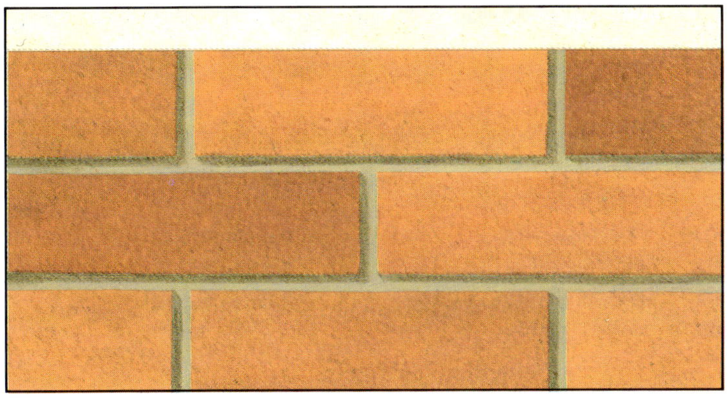

Mit unterschiedlicher Tönung der Steine

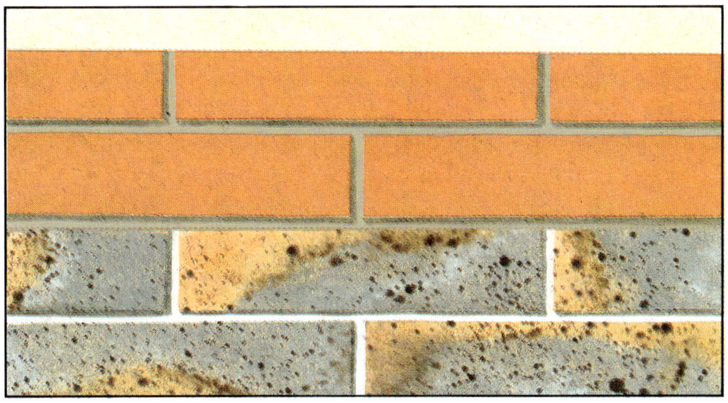

Schmale graugeflammte Ziegel

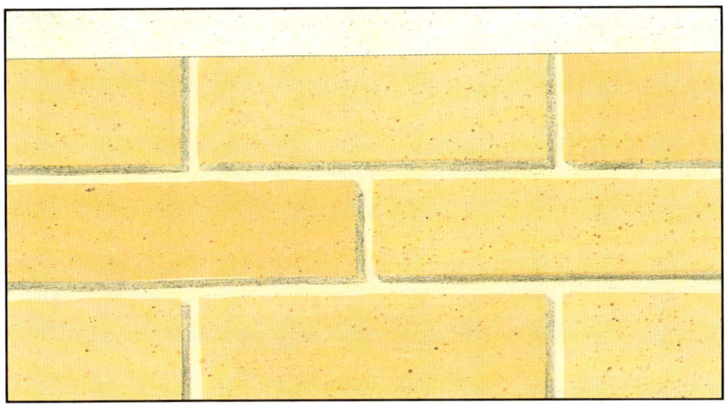

Neue gelbe Ziegelsteine

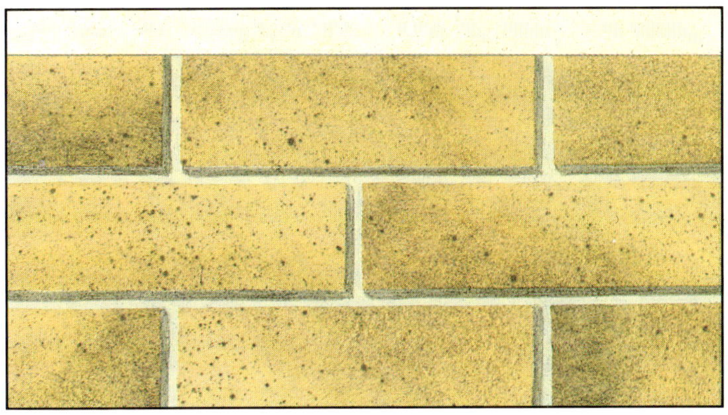

Gelbe Ziegel mit Patina durch Reiben

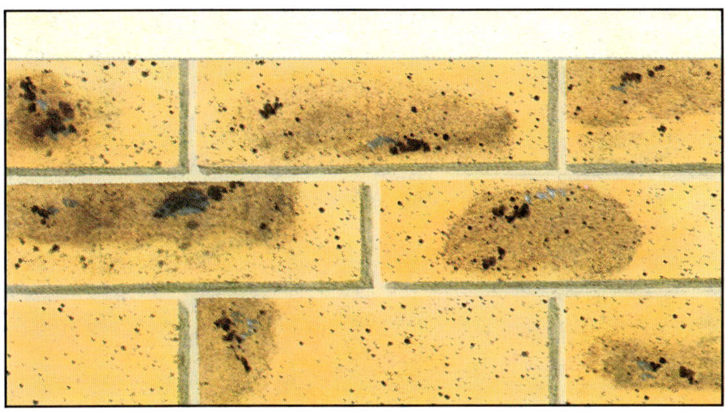

Helle geflammte Ziegelsteine

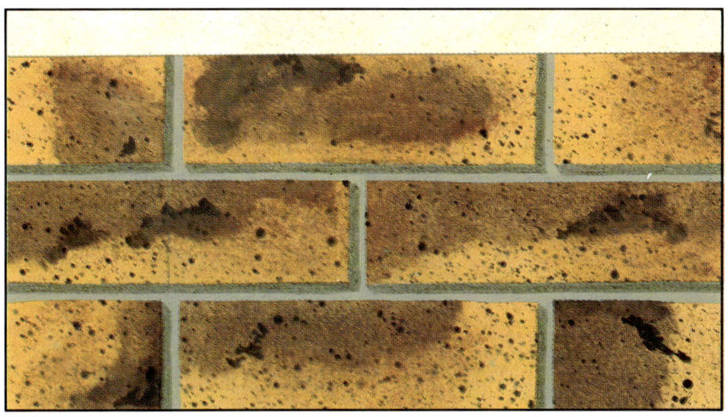

Geflammte Ziegel, bis zum Versintern gebrannt

Imitation von Holz

Grundton Helle Eiche 1

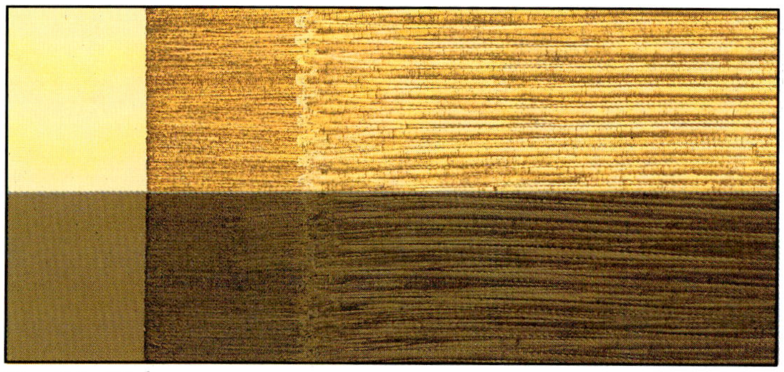

Dunkle Eiche

Mittelhelle Eiche 2

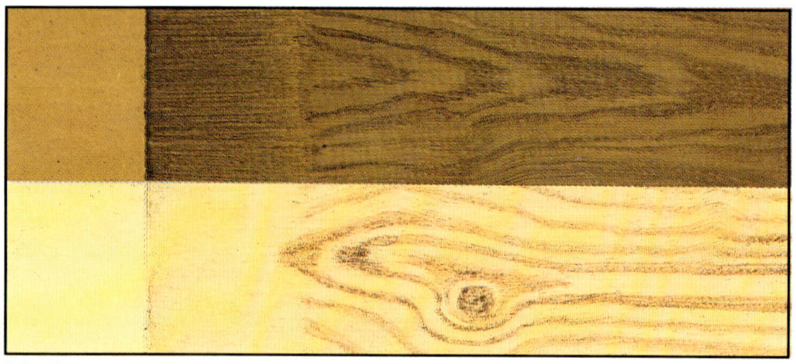

Kiefer

Kiefer 3

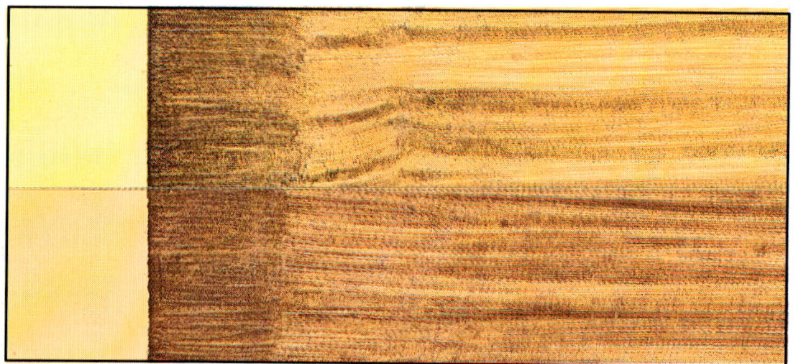

Rosenholz

Dunkles Nußbaum 4

Mahagoni

Gekalkte Eiche 5

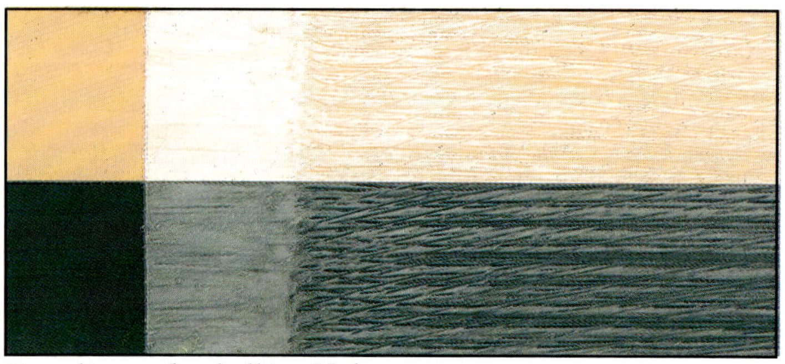

Bemaltes und gekalktes Holz

Die vereinfachte Imitation von Holz stützt sich auf eine einzige Farblasur, die man auf einen helleren Grund aufträgt. Darin ähnelt sie der klassischen Patina.

Die auf dieser Doppelseite beschriebenen Effekte: Kammzug, Maserung, Holzfasern und Holzporen können für Trompe l'oeils mit sich überlagernden Lasuren ergänzt werden. In allen Fällen ist ein Schlußüberzug erforderlich. Dieser sollte je nach gewünschter Wirkung matt oder für gekalkte Hölzer gewachst werden. Der Grundton für die hier gezeigten Hölzer ist am linken Rand des jeweiligen Farbmusters zu erkennen.

Eiche mit Kammzug (1)
Tragen Sie eine Farblasur auf die gesamte Fläche, und ziehen Sie diese parallel mit einem Stahlkamm durch, der im Fachhandel erhältlich ist.
Säubern Sie den Kamm nach jedem Zug.

Eichenmaserung (2)
Tragen Sie für die Maserung eine schwach getönte Lasur auf den trockenen Untergrund. Zeichnen Sie die Maserung (Rindshaar- oder Rotmarderpinsel) mit intensiverer Lasurfarbe. Tragen Sie dieselbe Lasur auf die gesamte restliche Fläche, und streichen Sie mit einem Tuch an den Konturen der Maserung entlang.

Jahresringe (3)
Tragen Sie eine Farblasur entsprechend dem gewählten Holz auf die Fläche, und ziehen Sie mit einem auf einen Modler oder Stahlkamm gefalteten Jutetuch darüber. Heben Sie während der Arbeit einige Stellen durch sogenanntes Wimmern hervor, indem Sie gelegentlich im Zug innehalten.

Holzporen (4)
Tragen Sie eine Farblasur auf die gesamte Fläche, und überarbeiten Sie diese mit einem Schläger (siehe Kapitel über die Pinsel). Dieses Strukturieren geschieht durch sorgfältiges, gleichmäßiges Schlagen mit dem Pinsel unter Vorrücken der Hand.

Gekalktes Holz (5)
Diese Imitation von gekalktem Naturholz entsteht aus weißlicher Lasur auf dunklerem Grund.
Reiben Sie nach dem Auftragen kräftig mit einem Tuch darüber, und ziehen Sie die Fläche anschließend mit einem Kamm durch.
Eine zusätzliche Maserung ist möglich.

Der weißliche Effekt ist zur Zeit in der Dekoration sehr beliebt (Holzverkleidung und bemalte Möbel). Das Verfahren ähnelt der lavierten antiken Patina (siehe Seite 36).

Parkett: Mit Hilfe einer Vorzeichnung und unterschiedlichen Grundtönen entstehen dekorative Ergebnisse

Einlegearbeit: Durch Imitation von Holz auf Papier, das ausgeschnitten und zu einem Muster aufgeklebt wird, entsteht der Eindruck einer Intarsienarbeit

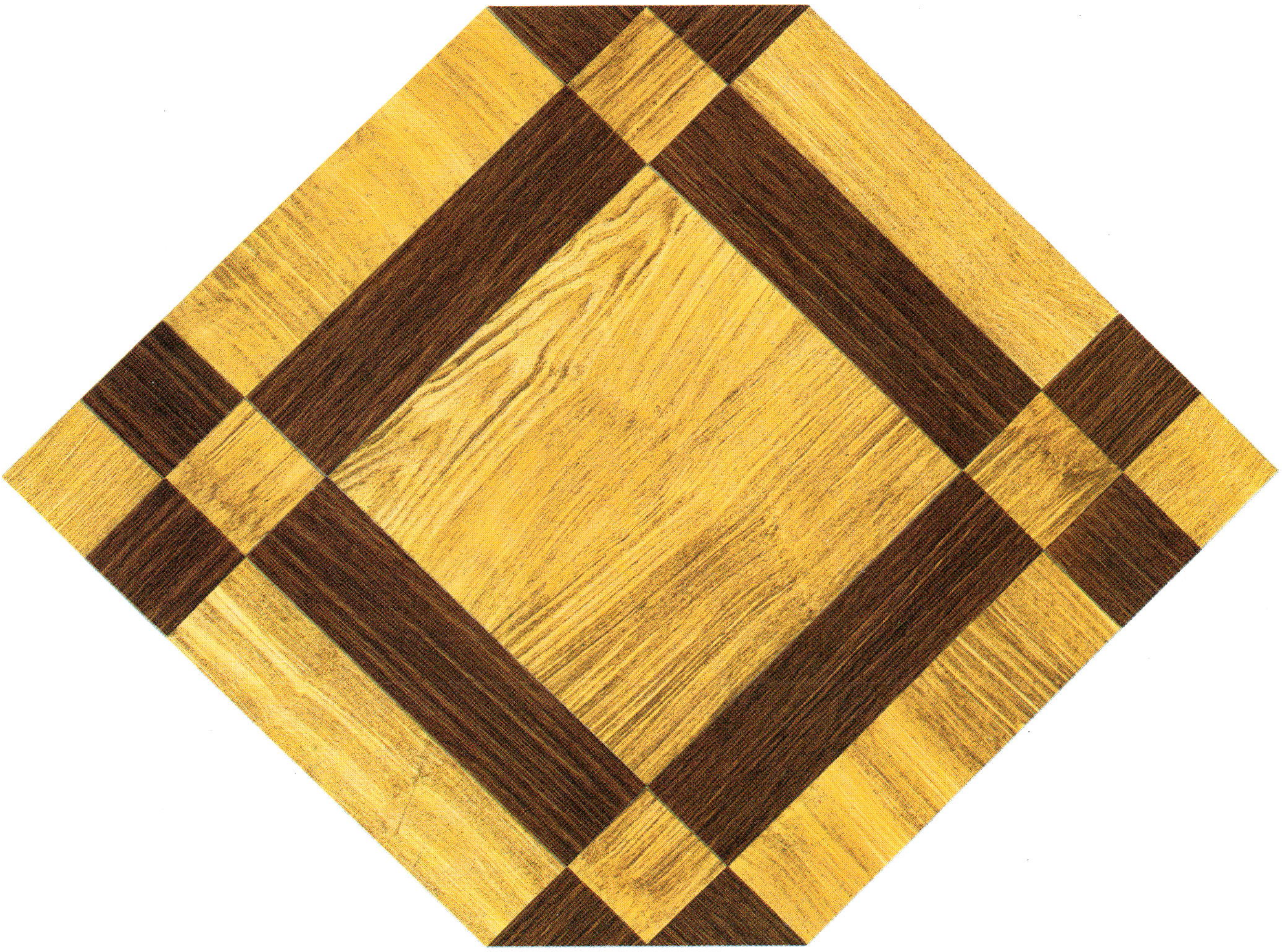

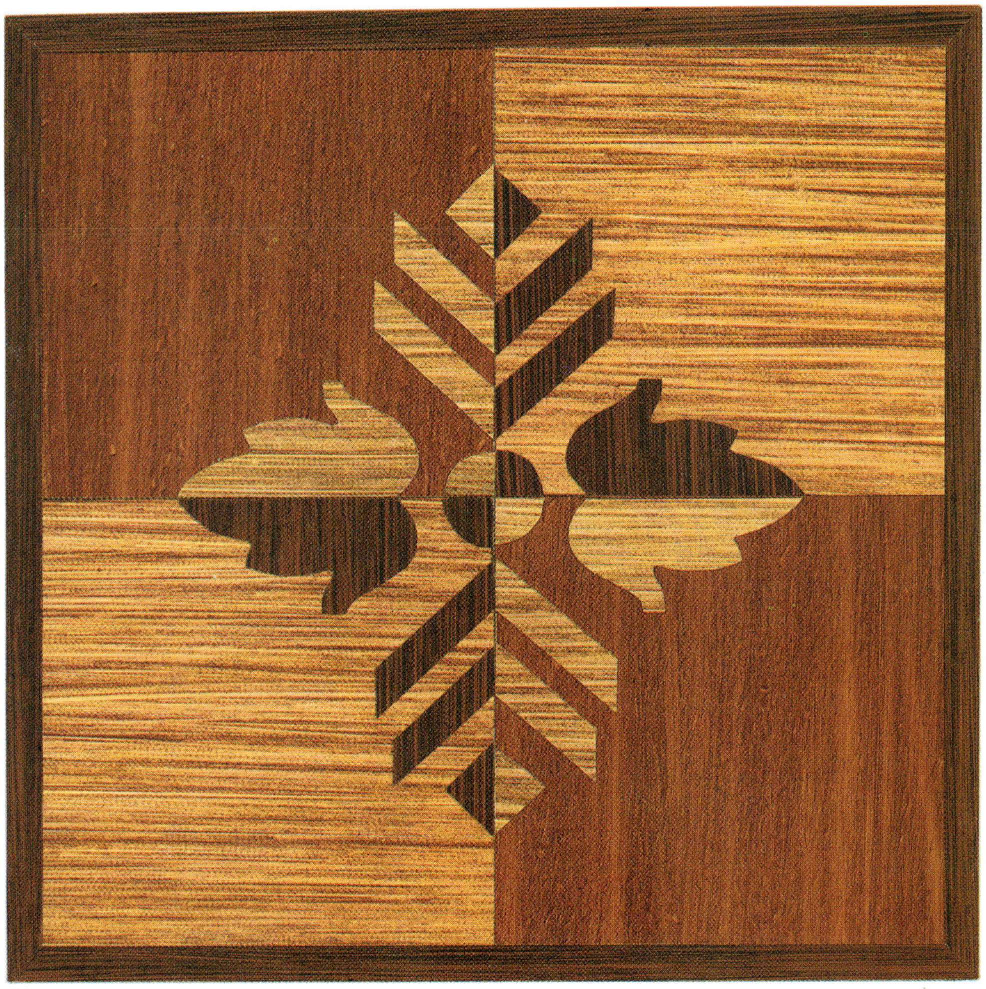

Dekorieren mit Schablonen

Hier eine kleine Gebrauchsanweisung für die Arbeit mit Schablonen. Man sollte die Technik kennen. Sie ist eine sehr nützliche Ergänzung für andere dekorative Methoden. Man erhält eine Schablone, indem man das Motiv sauber aus kräftigem Papier (Schablonenkarton, Bristol-, Zeichenpapier) oder biegsamer Kunststoffolie herausschneidet.

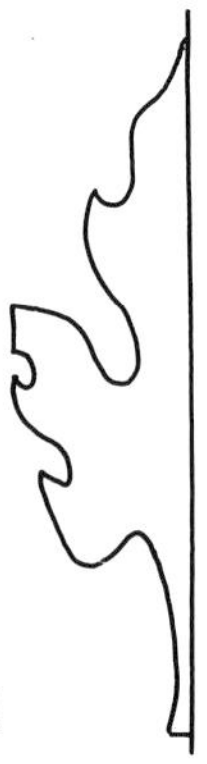
1

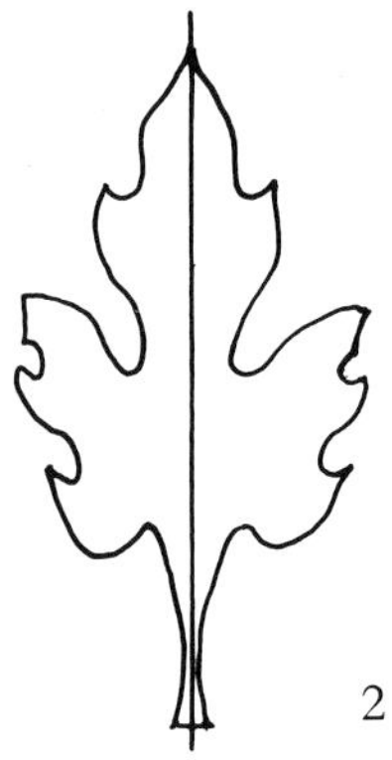
2

3 Passermarke

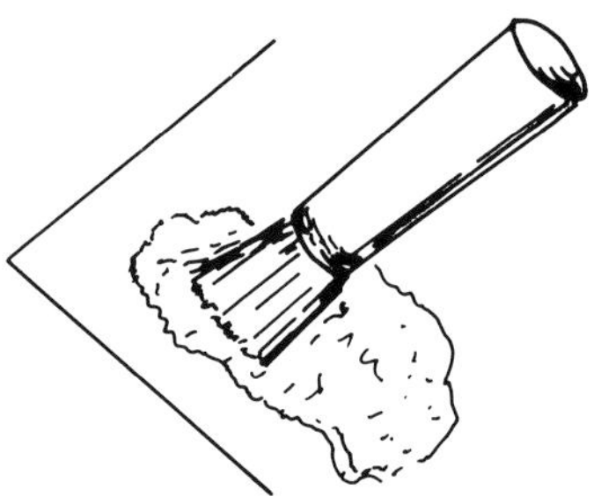
4

Anfertigung des Motivs
Zeichnen Sie Ihr Motiv in der gewünschten Größe auf Papier. (Eigener Entwurf oder nach einer Vorlage.)
Schneiden Sie die Zeichnung aus, und übertragen Sie die Umrisse auf das Schablonenpapier, das Sie zuvor auf beiden Seiten mit ein oder zwei Anstrichen Leinölfirnis oder Schellack überzogen haben.
Bei symmetrischen Motiven: Zeichnen Sie das halbe Motiv, und übertragen Sie es zu beiden Seiten einer senkrechten Mittelachse (Abb. 1, 2).

Anfertigung der Schablone
Legen Sie das Schablonenpapier auf eine glatte, harte Unterlage (Glas, Metall), und schneiden Sie die zu kolorierenden Stellen mit einem Cutter aus.
Bringen Sie einige Kerben als sogenannte Passermarken an den geraden Kanten an, um die Schablone korrekt an die zuvor gezogenen Hilfslinien legen zu können (Abb. 3).

Technik
Legen Sie die Schablone auf die Fläche, und halten Sie sie mit der Hand fest, oder heften Sie Klebestreifen an. Geben Sie nicht zu flüssige Farbe in eine flache Schale oder auf eine Palette, und tauchen Sie einen Rundpinsel mit kurzem geradem Haarkörper hinein (Schablonierpinsel – Abb. 4).
Tupfen Sie im senkrechten Winkel in die freiliegenden Stellen. Säubern Sie die Schablone regelmäßig.

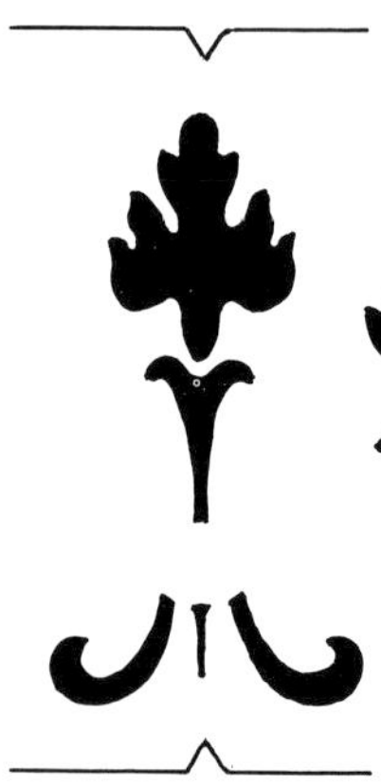
5

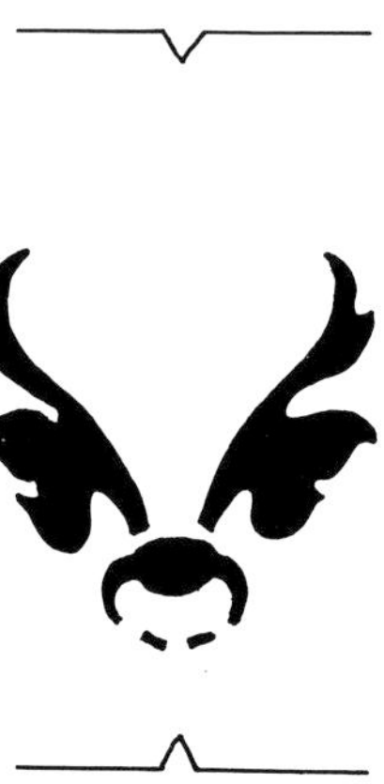
6

Einige Anmerkungen:
- Mit der Schablone angelegte Motive können anschließend mit einem Pinsel retuschiert werden: Licht und Schatten, Farbtupfer, Konturen etc.
- Man kann auch Schablonen anfertigen, um mehrere Farbtöne zu überlagern oder eine plastischere Wirkung zu erzielen (Abb. 5, 6, 7).
- Der Schablonierpinsel kann durch eine kleine Schaumgummirolle ersetzt werden. Ferner kann man mit Spraydosen arbeiten, mit deren Farbstößen sich darüber hinaus Nuancen in einem anderen Ton erzeugen lassen.
- Ölfarben und lösemittelhaltige Farben lassen sich leichter von der Schablone entfernen als Vinyl- und Acrylfarben.

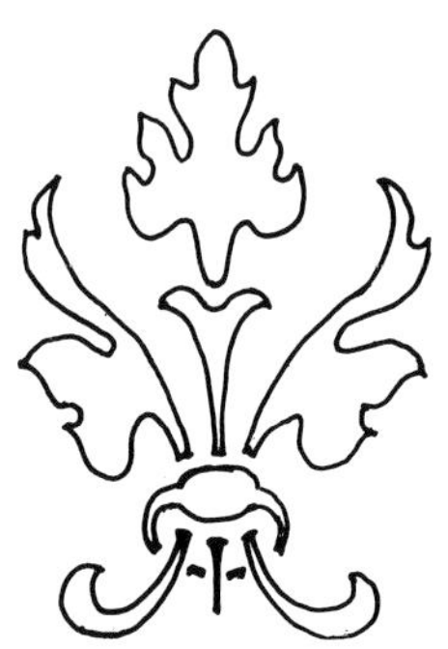
7

Man sollte alle Schablonen, die man angefertigt hat, sorgfältig aufheben, um sie für spätere Arbeiten erneut zu verwenden. Sie können in einem Aktendeckel mit Zwischenblättern aus Paus-, Glanz- oder einfachem Schreibpapier aufbewahrt werden.

Schutz der dekorativen Arbeiten

Zweck der Schutzlasuren

Dekorative Arbeiten aus Öl- oder Wasserlasuren müssen je nach Pflege- und Gebrauchsbedingungen mit ein oder zwei Schichten farblosem Lack überzogen werden.

Dekorative Arbeiten mit Lasuren auf Wasserbasis (Bier, verdünnte Gouache etc.) oder verdünnten Acryl- oder Vinylfarben werden nach denselben Kriterien geschützt.

Dekorative Arbeiten mit den folgenden konsistenteren Produkten (bei normaler Verdünnung) benötigen keinen farblosen Schutz: Alkydharzfarben, Ölfarben, Acryl- und Vinylfarben.

In bestimmten Fällen ist trotzdem ein Schutz angebracht: zum Beispiel gegen Witterungseinflüsse und Dämpfe, bei häufiger Reinigung, um die Brillanz zu erhöhen etc.

Nomenklatur der Produkte

Überzüge auf Spritbasis (Schellack, Copallack): brillant, trocknet rasch. Für kleine Objekte und kleine innere Flächen.

Lösungsmittelhaltige Alkydharzlacke: erhältlich in matt, seidenglänzend und hochglänzend.

Diese Lacke eignen sich gut für Öllasuren, Lasuren auf Wasserbasis, verdünnte Acrylfarben etc.

Man kann sie in zwei bis vier Schichten auftragen, mit Wasser und Schmirgelpapier schleifen, um eine absolut glatte Fläche zu erhalten, und diese mit einer letzten Schicht überziehen.

Weißes Naturwachs (nicht vergilbend): Man rührt es mit Balsamterpentin an (ca. 80 g pro Liter). Mit dem Pinsel aufgetragen, ergibt es eine matte Fläche, die durch Polieren mit einem Tuch auf seidenglänzend gebracht werden kann.

Man verwendet es vor allem zum Schutz von Dekors und Patina auf Mauern in hellen Farben.

Abwaschbarer Kunststoffüberzug auf Wasserbasis als Bindemittel und Überzug (nicht vergilbend): matt, seidenglänzend und hochglänzend.

Verwendbar für Dekors in Innenräumen aus nicht zu fetten Farben.

Acryllacke mit Spiritus oder Wasser als Verdünner vergilben heute nicht mehr. Beachten Sie auf jeden Fall die Gebrauchsanweisung, um Unverträglichkeiten zu vermeiden.

Einige Anmerkungen:

- Die Verwendung von Alkydharzlacken führt zu einer gewissen Vergilbung des Dekors, die sich vor allem bei hellen Farben bemerkbar macht.
- Polyurethanlacke (mit zwei Komponenten) sind von hervorragender Qualität, erfordern zum gleichmäßigen Auftragen jedoch eine Spritzpistole. Für ölhaltige Hintergründe (Öl, Alkyd) sind sie ungeeignet.

Glossar

Abheben: Partielles Entfernen einer zuvor aufgetragenen Lasur oder einer Farbschicht. Beispiel: Abheben mit einem Tuch, einem Schwamm etc.

Bronze, Imitation von: Unter diesen Begriff fallen auch die Verfahren, die ein silbriges oder goldenes Erscheinungsbild ergeben.

Einfassen: Umrunden des Motivs mit einem schmalen Strich in einer anderen Farbe. Beispiel: blau eingefaßtes Element.

Farbe, flache: Gleichmäßige, deckende Farbschicht ohne Nuancen.

Grundierung: Vorbereitungsanstrich zur Aufnahme der Farbe entsprechend dem jeweiligen Material.

Hervorhebung: Betonung des echten oder imitierten Reliefs durch helle Farbtupfer, Bronzepulver etc. Beispiel: Hervorhebung durch Gold auf einer Rosette.

Lasieren: Teilweises oder vollständiges Überziehen mit einer transparenten Farbe oder einem transparenten Lack (auf Öl- oder Wasserbasis).

Lasur, farblose: Enthält flüssige Bindemittel, jedoch keine Farbpigmente.

Lavieren: Verwaschen einer Lasur oder einer flüssigen Farbe durch feines Stupfen oder Vertreiben, um sehr zarte Übergängen zu schaffen.

Mauerverband: Aufbau der Bausteine und Bruchsteine als geordneter oder wilder Verband. Wichtige Mauerverbände sind der Halbsteinverband, Läuferverband, Blockverband etc.

Mixtion: Spezialhaftlack für Blattgold und Bronzen.

Patinieren: Künstliches Altern eines zuvor angelegten Tons mit einer Farblasur, um ein gefälligeres Aussehen oder eine dekorative Wirkung zu erzielen.

Pause: Hilfsmittel, um eine Zeichnung präzise zu übertragen. Man zeichnet das Motiv zunächst auf dickes Pauspapier und sticht die Umrisse mit einer Nadel ein, die in einem Korken steckt. Zum Durchpausen des Motivs tupft man mit einem zusammengelegten Tuch, dessen Spitze etwas Lichter Ocker, Talkum o.ä. enthält, oder mit einem Pausbeutel auf die Perforation.

Schablone, positive: Aus steifem Material geschnittenes Motiv (dicke Pappe etc.), mit der man ein Zeichenelement mühelos vervielfältigen kann. Dazu zieht man die Umrisse mit einem Bleistift nach (Balustraden, geschwungene Pfeiler etc.).

Schablone, negative: Auf steifem Material gezeichnetes Motiv, dessen zu kolorierende Teile ausgeschnitten werden. Die Farbe wird durch Stupfen im senkrechten Winkel aufgetragen.

Schlagschnur: Helle tressierte Kordel, die je nach Bedarf mit weißer Kreide (z.B. Schlämmkreide) oder Papierkohle gepudert wird, zum Ziehen leicht zu entfernender Striche auf dem Mauerwerk (sogenannte Schnurschläge).

Sprenkeln: Winzige farbige Punkte, die vor allem mit Hilfe eines Schwamms auf eine Fläche getragen werden. Beispiel: Granitwirkung.

Spritzer: Kleine helle oder dunkle aufgespritzte Punkte aus deckender Farbe oder Lasurfarbe, häufig mit Hilfe einer Zahnbürste aufgetragen. Beispiel: Spritzer auf imitierten Steinen, um die Poren und Körnungen anzudeuten.

Wimmerungen: Dunkle hervorgehobene Stellen in einer farbigen Lasur, die durch gelegentliches Innehalten eines über einen Modler oder Stahlkamm gefalteten Jutetuches entstehen.

Zementgrau: Diesen Ton verwendet man für Steinfugen. Er setzt sich aus Weiß, Schwarz und einer Spur Lichter Ocker zusammen, kann bei Bedarf jedoch auch Siena oder Umbra gebrannt enthalten (alter Mörtel etc.).